l'affaire Vincent Lambert

De la même autrice, dans la même collection

Les Raisins de la misère, une enquête sur la face cachée des châteaux bordelais, 2018.

www.lerouergue.com

Ixchel Delaporte

l'affaire Vincent Lambert

Enquête sur une tragédie familiale

la brune au rouergue

À la mémoire de mon père,
François Delaporte.

1. L'enterrement

Les cloches retentissent à Longwy. Ce samedi 13 juillet 2019 à 10 heures devant l'imposante église Saint-Dagobert, une trentaine de personnes marchent en silence derrière un cercueil où repose Vincent Lambert. Le vieux prêtre accueille à bras ouverts et dans la plus stricte intimité une famille déchirée. Pour ce dernier hommage, Rachel Lambert, l'épouse, originaire de la région, a tout organisé. Prévenus la veille au soir dans le secret, certains membres de la famille ont roulé toute la nuit pour assister au dernier acte de six longues années de bataille judiciaire. La dernière décision, celle de la Cour de cassation, ouvre de nouveau la voie à un arrêt des traitements. L'hôpital de Reims relance la procédure le 2 juillet. Vincent meurt le 11 juillet. Les huit frères et sœurs, les parents, l'épouse et la fille du défunt sont là pour l'inhumation de cet ancien infirmier psychiatrique de quarante-deux ans, resté tétraplégique et en état végétatif chronique depuis son accident de voiture, le 29 septembre 2008. À cette date, Vincent Lambert vient tout juste de fêter ses trente-deux ans et de baptiser sa fille, Clémence. Mais l'apparente banalité de cet enterrement cache mal le malaise de la désunion familiale. Le prêtre souriant tente l'impossible pour réconcilier, le temps d'une cérémonie religieuse, deux clans d'une même famille : les Lambert.

Le cercueil de Vincent, porté par les employés des pompes funèbres, fend le vaisseau central. Il est au milieu de l'église. Il repose là, encadré par quatre bougies qui raniment la flamme du baptême. Comme pour rattraper au vol, l'espace d'un jour, l'intimité qui lui a été confisquée, Rachel a choisi les musiques et les chants. C'est dans cette ville, à l'hôpital Mont-Saint-Martin de Longwy, que Rachel et Vincent se sont rencontrés. Rachel était étudiante infirmière au service psychiatrique. Vincent, de cinq ans son aîné, était déjà diplômé. Rachel pense peut-être à ce premier regard gravé dans sa mémoire[1] : « Je ne vois que Vincent, ce bel homme tout mince, brun, les yeux marron, presque noirs, un peu à part, le ténébreux sombre et solitaire par excellence. Un homme en apparence inaccessible, plein de mystère, une force tranquille se dégageait de lui et de son regard si franc, parfois insondable. »

À plusieurs reprises, la voix de David Gilmour résonne jusqu'aux voûtes en pierre blanche de l'église. Le chanteur des Pink Floyd, groupe mythique adoré de Vincent, chante un extrait de l'opéra de Bizet, *Les Pêcheurs de perles.* Un air qui avait déjà accompagné le jeune couple lors de son mariage en 2007 : « Je crois entendre encore / Caché sous les palmiers / Sa voix tendre et sonore / Comme un chant de ramiers / Ô nuit

---

1 *Vincent, parce que je l'aime, je veux le laisser partir,* Rachel Lambert, J'ai lu, 2016.

enchanteresse / Divin ravissement / Ô souvenir charmant / Folle ivresse, doux rêve ! » Un chant prémonitoire sur la perte de l'être aimé. Sous la nef à vaisseau unique de cette église du XVIIe siècle, face au cercueil, les deux clans sont assis de part et d'autre de l'allée. À droite Viviane et Pierre Lambert, les parents, Anne Tuarze, une sœur, David Philippon, un demi-frère, son épouse, leur fille et son compagnon. Ils gardent le silence et ne prononcent pas un chant, pas un « Notre Père », prière commune à tous les fidèles chrétiens. Depuis 2013, ceux-là ont multiplié les recours pour le maintien en vie de Vincent Lambert et affirment qu'il est un grand handicapé dont il suffit d'assurer deux besoins : amour et stimulation. Peut-être, ce jour-là, se sont-ils placés au rang des vaincus. Sur les bancs de gauche sont assis une vingtaine de frères et sœurs, demi-frères et demi-sœurs avec leurs époux, épouse et enfants, un neveu, autour de Rachel Lambert, l'épouse de Vincent, Clémence, leur fille, et de toute la famille de Rachel vivant à Longwy. Ceux-là voulaient permettre à Vincent de « partir en paix » en respectant le souhait exprimé oralement à plusieurs reprises devant son épouse de ne jamais vivre comme un légume. Au-delà, le laisser mourir témoigne pour eux d'une fidélité à un personnage résolument libre de toute convention, tantôt sombre, tantôt extrême, tantôt sarcastique, tantôt à fleur de peau. Un christ en bois fait face à l'assistance. À droite de l'église, adossée à une colonne, une petite Vierge immaculée vêtue d'une robe blanche porte un enfant au bras gauche et une croix à la main droite. Le soleil transperce les vitraux et fait rejaillir leurs couleurs mauve et rouge. Sept immenses lustres scintillent au plafond. « Tu es mon berger, ô Seigneur. Rien ne saurait manquer où tu me conduis. Dans tes verts pâturages, tu m'as fait reposer. Et dans tes eaux limpides, tu m'as désaltéré. Dans la vallée de l'ombre, je ne crains pas la mort. Ta force et ta présence seront mon réconfort. » Le flot de paroles veut apaiser la douleur. Mais l'aveu d'impuissance est à son comble. « Seigneur, prends pitié de nous. Gloire au Père et au fils et au Saint-Esprit. Comme il était au commencement, maintenant et toujours pour les siècles des siècles. Amen. » Le secret du lieu et de l'heure a été précieusement gardé par chacun des membres de la famille. Aucun journaliste, aucun photographe n'ont couvert la dernière scène du dernier acte de cette affaire hors du commun. Aucune trace à part celle du récit et des souvenirs que me font partager, quelques jours plus tard, Marie-Geneviève Lambert et Frédéric Philippon, la demi-sœur et le demi-frère de Vincent.

Un mois plus tard, je décide de prendre le train pour Longwy, à la recherche de Vincent. Je sais qu'il est enterré dans le nouveau cimetière mais aucun document sur le site de la mairie n'indique l'adresse. Perdue, je fais halte dans un café. La bistrotière paraît surprise que je ne connaisse pas Longwy. Elle me dessine un plan. Ce cimetière-là est sur les hauteurs de la ville, pas loin de l'autoroute et de la zone commerciale. Enfin, au troisième rond-point, un panneau indique « Cimetière ». Je monte comme sur une route de campagne. Le parking est vide. Mon cœur s'emballe quand je passe l'entrée. Je marche au hasard. Beaucoup de tombes sont fleuries de chrysanthèmes rouges, jaunes, orange et blancs. Intérieurement, je me dis que celle de Vincent doit être couverte de tonnes de fleurs. Je marche le long des allées et je ne vois rien. Ni le nom de Vincent, ni les plaques en sa mémoire. Je quitte le premier puis le deuxième carré et j'arrive au dernier : de loin j'aperçois des tombes inhabitées. Je passe lentement à côté de quatre tombes encore vides, l'avant-dernière, ouverte, semble prête à accueillir un mort. Puis, une tombe en granit, veiné orange, rouge et gris. Sans nom et sans date. Sur la pierre tombale, un vase noir rempli de roses fraîches blanches et une rouge. Il est gravé de deux initiales dorées : « V-L ». En 2014, le collectif 55 se forme en soutien à Rachel, tous d'anciens étudiants infirmiers de la promotion de Vincent. 55 comme les initiales de Vincent Lambert = LV en chiffres romains. Le vase, je suppose que ce sont eux. Mon regard se promène : « À notre frère, à notre oncle. Dans notre cœur à jamais tu demeures », décoré d'une note de musique et de colombes. Puis : « À notre fils / Regretté » avec une Mater dolorosa pleurant Jésus au pied de la croix avant sa mise au tombeau, sa résurrection et son ascension. Une petite plaque énigmatique avec des roses dorées : « À jamais ton papa de cœur ». Enfin, au pied de la tombe : « À mon époux, à mon papa. Que ton repos soit doux comme ton cœur fut bon. »

Le jour de l'enterrement, sans un regard ni un mot, chacun est passé devant le caveau pour se recueillir. Puis, le cortège est reparti. Seul Joseph, le plus jeune frère de Vincent, a tourné les talons. Et loin de tous, devant la tombe de son frère, a hurlé sa douleur. La famille élargie de Vincent Lambert s'était disputé son sort jusqu'au déchirement suprême, jusqu'à sa mort. Lui qui n'avait jamais eu la première place dans cette trop grande famille. Lui l'enfant meurtri, décalé. Devenu l'homme discret, taiseux et moqueur au regard noir et à l'allure de jeune prince impeccable. Lui dont chacun redoutait en silence une catastrophe, un danger sous-jacent et imminent. La braise sous la cendre.

2. La vie est un long fleuve tranquille

Châteauroux, quartier populaire de l'Omelon, fin des années 1960. La famille Philippon emménage dans la maisonnette de la rue Clair-Talichet, acquise à crédit. Coincée entre deux grandes maisons, très étroite, la façade blanche possède trois fenêtres, une par étage jusqu'à la toiture triangulaire. Un tout petit portail et une courette précèdent l'entrée au rez-de-chaussée semi-enterré où se trouvent le séjour et la salle à manger. Au premier étage, la cuisine, deux chambres et les toilettes. Une maisonnette d'ouvriers bien tenue où règnent la discipline et la propreté, là où grandiront presque tous les enfants de Viviane, ouvrière et femme de ménage, et de Jackie, plombier puis ouvrier à l'usine. À l'arrière de cette maison de poupée, un jardin tout aussi étroit se déroule comme un tapis rouge, rapidement transformé en potager. Le jeune père y donne volontiers des leçons de jardinage à ses petits entre deux plants de carottes et de salades.

« Mets-toi tout nu devant les tomates, elles finiront bien par rougir ! », lance-t-il à ses fils, Guy-Noël et Frédéric.

En semaine, Jackie fait des déplacements dans les villages voisins comme plombier chauffagiste puis se fait embaucher à l'usine de céramique Cérabati où il travaille en trois-huit. Les enfants s'habituent à chuchoter pour laisser leur père se reposer. Le week-end, Jackie bêche, bricole et réaménage la bicoque pour l'agrandir. Très vite, la famille s'étoffe avec l'arrivée d'un troisième enfant, David, en 1971. Les trois garçons dorment dans une chambre aux lits superposés. Ils vont à l'école publique du quartier à deux rues de là, fréquentée quelques années avant par Gérard Depardieu, à l'époque petit trafiquant, vivant avec sa famille nombreuse dans « une baraque qui puait le pauvre »[2]. Chaque dimanche, Viviane, catholique pratiquante, emmène ses enfants à l'église Saint-André, tout près de la maison, de l'autre côté de la voie ferrée.

Viviane et Jackie sont deux jeunes gens d'extraction modeste. Mince et doux, Jackie Philippon vient du hameau de Celon à Villedieu-sur-Indre, où il fut élevé par des grands-parents agriculteurs et pauvres. Après son service militaire en pleine guerre d'Algérie, Jackie se forme pour devenir plombier chauffagiste. Sur cette terre berrichonne, Viviane et Jackie se sont probablement connus à l'occasion d'un bal ou d'une fête religieuse. Une photo d'époque témoigne de la rencontre amoureuse, peut-être même du jour des fiançailles. Ce devait être un dimanche, une bouteille de mousseux et un bouquet champêtre sont posés sur la table. Devant un vieux rideau orange qui fait office de toile de fond, quatre personnes

2 *Ça s'est fait comme ça*, Gérard Depardieu, XO Éditions, 2014.

sourient en direction de l'objectif : Viviane est assise sur les genoux de Jackie. Jackie a posé sa main sur le cou de Viviane, coiffée d'un bandeau blanc sur ses cheveux châtains. La photo a été prise dans la maison de la Creuse où Viviane a vécu avec sa mère. À sa gauche, Élie Cassier, béret sur la tête, teint rougeaud, son beau-père qui l'a reconnue. À la droite de Jackie, c'est Marie-France, la demi-sœur de Viviane. Avec ses oreilles décollées de jeune écolier, Jackie est comme en retrait mais esquisse un sourire timide.

Lorsque ces jeunes parents posent leurs valises à Châteauroux, en 1968, l'ambiance est bouillonnante dans les usines de France et de Navarre. Les grèves parisiennes gagnent peu à peu la province. L'apogée des Trente Glorieuses ne bénéficie pas à tous. Les usines de textile et de métallurgie licencient à tour de bras. Ville historiquement industrielle, possédant une base américaine, Châteauroux n'échappe pas à la vague contestataire. Le 13 mai 1968, quelques syndicalistes, le poing levé, plantent un drapeau rouge sur le toit de la gare SNCF. Cent trente usines et organismes publics débrayent, occupés par plus de vingt mille grévistes. La préfecture se transforme en forum. Des manifestations se succèdent dans les rues de Châteauroux les 13 et 20 mai, avec plus de dix mille personnes. Les femmes, sous-payées par rapport aux hommes, demandent des augmentations de salaire. Jackie, non syndiqué, discret et discipliné, n'y participe pas. Le couple n'est pas du genre à se révolter. Du travail, il y en a pour celui qui en veut. Quant à Viviane, elle vient d'être embauchée comme secrétaire chez Bruno Petit, constructeur de pavillons individuels. Devenue plus tard vendeuse de chaussures chez Myrys, elle garde aussi de temps à autre des enfants à domicile. À la fin des années 1960, Viviane, souvent enceinte, a fort à faire avec son gynécologue Pierre Lambert. Elle se fait embaucher par lui comme femme de ménage. À l'époque, à Châteauroux, ils ne sont que deux gynécologues : Dr Lambert, le conservateur, et Dr Ploquin, l'avant-gardiste.

Originaire de Charente, Pierre Lambert s'installe en 1964 à Châteauroux avec sa famille. Il exerce comme gynécologue-obstétricien à l'hôpital et également à la clinique Jeanne d'Arc, gérée par de rigides religieuses espagnoles. Âgé de trente-cinq ans, il est marié à Renée, médecin et pédiatre. Ils ont deux enfants : Dominique, dix ans, et Marie-Geneviève, cinq ans. La maison bourgeoise de la rue de la République est cossue, en pierre blanche et en brique, avec un joli jardin planté d'un charmant lilas.

Mi-juillet 2019, j'ai rendez-vous avec Marie-Geneviève à la gare de Châteauroux. Elle m'emmène sur les pas de son enfance. Au 81 de la rue de la République, sur le mur, à côté de la porte d'entrée, on devine les traces de la plaque professionnelle et les trous des quatre vis. Quand on passe un œil à travers la fente à lettres dorée, on aperçoit un vestibule tapissé, de beaux escaliers en bois, et deux entrées qui desservaient autrefois la salle d'attente et le cabinet du gynécologue. « C'est la plus belle pièce de la maison avec deux grandes fenêtres sur rue », me glisse Marie-Geneviève. La séparation avec le salon se fait par une double porte, elle-même doublée d'un rideau de velours. Au premier étage, la salle de bains a été aménagée en chambre pour les deux enfants. Pierre Lambert est un homme renfrogné aux idées réactionnaires, farouche militant anti-avortement. Vêtu d'un imperméable beige fermé par une cordelette à la taille, tout le monde l'appelle Columbo.

À l'hôpital, où il se rend tous les matins avec sa deux-chevaux grise, il n'a pas bonne réputation auprès des infirmières. Lorsqu'on l'appelle en pleine nuit pour un accouchement, il refuse de se déplacer en raccrochant le combiné, furieux d'avoir été réveillé. Les sages-femmes font sans lui.

À la maison, entre l'exercice en cabinet l'après-midi, les réunions anti-avortement et celles de préparation à l'accouchement, Dominique et Marie-Geneviève Lambert baignent dans un univers où l'enfant est un cadeau de la vie. Mais derrière la façade de la famille modèle qui se rend à l'église Notre-Dame tous les dimanches, les enfants apprennent à se débrouiller seuls, élevés à la dure, avec une obsession parentale, celle d'éviter à tout prix qu'ils deviennent des gosses de riches. En 1969, la famille Lambert se construit un grand pavillon à l'américaine, près de Châteauroux : les Tibles, entouré d'une petite forêt de pins landais que Renée, la mère, fait planter. Le couple conserve une maison en location, à quelques numéros de la rue de la République, pour le cabinet de gynécologie. Viviane Philippon, la femme de ménage, jeune et pétillante, passe plusieurs heures par semaine dans cette famille où les parents entretiennent une relation orageuse, faite d'humiliations. Tout en adoration devant le docteur, Viviane officie aussi à la réception dans le cabinet médical, situé au rez-de-chaussée, parfois accompagnée de ses petits. En lustrant le parquet ciré, Viviane rêve-t-elle secrètement de devenir un jour la femme du gynécologue ?

3. Les origines

Viviane Cassier a toujours été une belle femme, pleine d'ambition. Jeune, elle était pétillante, dynamique et enjouée. Mais ses premières années n'ont pas été idylliques. Sa mère, Jeanne Sterlin, vit dans l'Indre. Elle s'éprend d'un jeune immigré italien. Las, l'amour se percute aux conventions provinciales d'une époque où l'on ne choisit pas son double et encore moins l'étranger. La Seconde Guerre mondiale touche à sa fin. La honte des tantes, chez lesquelles Jeanne est hébergée, l'emporte. Viviane naît de père inconnu le 4 juillet 1945 à Châteauroux. Elle ne connaîtra jamais l'identité de son père biologique. Un grand vide, une absence, comme pour des générations de petits bâtards ayant souffert en silence. L'incorrigible Jeanne, mère de Viviane, aura cinq enfants de pères différents. Mais, un jour, la mère de Viviane quitte le foyer et part avec un autre homme. Viviane se retrouve seule, mal aimée par le beau-père qui l'a pourtant reconnue et lui a transmis son nom. Alors, à huit ans, elle saisit l'occasion d'aller s'installer chez une tante et un oncle, gardiens du château de Chamousseau, un hameau situé à quelques centaines de mètres de Villedieu-sur-Indre et à quelques kilomètres de Châteauroux.

« Propriété privée, défense d'entrer ». De l'autre côté des grilles vertes écaillées, une petite maison en meulière se tient là, parallèle à la grille, comme un garde immobile. Une toute petite porte d'entrée et une fenêtre au premier. Rien de plus. Viviane Cassier a vécu là avec ses dix cousins et cousines, à dormir à cinq ou six par chambre. Le château se trouve derrière les vingt-huit hectares d'une forêt broussailleuse et verte. Quelques mètres plus loin, un petit chemin sur la droite dissuade une deuxième fois le possible intrus avec une nouvelle pancarte « Propriété privée, défense d'entrer ». Sur le panneau amputé, on distingue à peine « hameau Chamousseau » en lettres cursives bleues : « eau mouss ». Le voilà l'immense et majestueux château du XVe siècle muni de trois tours, dont une à canonnières, dissimulé entre deux rangées de chênes touffus tirés au cordeau. Viviane a-t-elle foulé l'intérieur du château, a-t-elle monté l'escalier à vis qui dessert les étages supérieurs, a-t-elle admiré les ornements, les moulures, les accolades et les armoiries ? Faisant bruisser les feuilles mortes sous ses petites chaussures en jouant à cache-cache avec ses cousins, s'est-elle imaginée en princesse ? Elle en a du moins gardé un goût sûr pour le classique, les meubles rustiques, en bois massif, les tentures, les papiers peints élégamment fleuris, ou les rideaux lourds en velours vert kaki. Enfant, Viviane était intelligente, douée à l'école. Très vite après le certificat d'études, la possibilité d'une carrière dans la comptabilité est stoppée net. Il faut aller à l'usine et quitter la bicoque du gardien où s'entassait la dizaine d'enfants. D'autant que, ici encore, la tante abandonne un jour la maison, laissant les petits livrés à eux-mêmes. Les grands s'occupent des petits. Mais Viviane n'aspire pas à cela. À dix-sept ans, elle entre à la Manufacture centrale de chemises pour homme, une usine de confection à Villedieu-sur-Indre, pour travailler à la chaîne pendant cinq ans. À dix-huit ans, elle se marie.

Viviane est une guerrière. On la dit opportuniste, pragmatique et déterminée. Depuis toujours. Et c'est ainsi qu'elle l'a décidé pour elle-même dès son plus jeune âge. « Viviane a toujours cherché l'excellence, c'est une esthète. Elle voulait grimper, il était hors de question pour elle de rester dans sa condition. Elle avait aussi des ambitions pour son mari Jackie. Elle avait même le projet de partir vivre au Canada », me dit un membre de la famille, préférant garder l'anonymat. Frédéric Philippon, un de ses trois fils, ancien moine au monastère du Barroux, estampillé catholique intégriste, résume le personnage de sa mère en une phrase : « Elle répétait toujours qu'elle aurait aimé devenir soit comédienne soit magistrate. Depuis l'accident de Vincent et les procédures judiciaires, elle est devenue les deux. »

À l'instar de ses deux épouses successives, le gynécologue Pierre Lambert est issu d'une famille modeste. Son père Henri Lambert est un artiste excentrique devenu éthéromane après la Première Guerre mondiale. Il l'a peu connu. Mobilisé sur le front, Henri en est revenu révolté anticapitaliste, anticlérical et antimilitariste, plein d'une haine féroce contre ce qu'il appelle « les quadruples galons verts de peur ». Quant à la mère de Pierre, Frédérique, modeste institutrice charentaise, elle contracte la tuberculose. Constamment alitée au premier étage de la maison, elle n'a jamais pu donner d'amour maternel à ce petit Pierre. S'est-il senti coupable de la maladie de sa mère ? Dernier des cinq frères, il fut élevé par sa grand-mère Camille, une fervente catholique. De nature tourmentée, Pierre s'est toujours senti redevable envers ses frères qui, en se sacrifiant au travail, lui ont permis de faire des études de médecine. Redevable et arrogant à la fois. L'arrogance d'un transfuge de classe devenu moralement irréprochable. Du moins, en apparence.

Après avoir obtenu son diplôme grâce à une bourse, Pierre fait quelques remplacements, puis obtient un premier poste de gynécologue à Châteauroux. Il exerce en libéral et en milieu hospitalier. Son penchant idéaliste s'évanouit à mesure qu'il s'installe dans une vie bourrée de contraintes et de responsabilités. Marie-Geneviève, fille de Pierre, va rendre visite à sa mère Renée dans sa maison de retraite. Pour moi, elle lui demande comment elle percevait son ex-mari. Marie-Geneviève me rapporte : « Maman dit qu'il voulait toujours faire mieux, aller plus haut mais qu'il n'y parvenait pas vraiment. Et il le vivait mal. Son estime de soi en prenait un coup. Pierre a toujours été sur la ligne de crête. Par exemple, il attirait les patientes qui allaient mal. Il savait les écouter mais ne savait pas toujours comment s'en sortir. Alors c'est elle qui prenait le relais. » Lorsque la famille s'agrandit avec l'arrivée de Dominique, puis de Marie-Geneviève, le poids des obligations s'alourdit. Les reproches se font quotidiens. Renée hurle à son mari qu'il finira comme son père, seul et carbonisé dans un deux-pièces. Malgré un bon salaire et ses trois postes cumulés, il devient avare et développe des obsessions financières, au point de passer sa vie à éteindre les lumières.

– On veille les morts ! commente sa femme Renée, moqueuse.

Visionnaire sur le gaspillage énergétique, Pierre Lambert n'hésite pas à couper le moteur dans les descentes et à éteindre les phares la nuit en suivant la voiture de devant. Il n'y a pas de petites économies. On dit que les caractères sautent une génération. Pour sûr, Pierre Lambert a pris le contre-pied des idéaux anarchistes de son père, peintre, céramiste, architecte et bien d'autres choses encore. Au point de vénérer De Gaulle puis de lui préférer le général Hélie de Saint Marc, résistant et parachutiste qui prend part en 1961 au putsch des généraux pour l'Algérie française. Pierre Lambert choisit le camp de la réaction dans la vie privée comme dans la vie professionnelle.

4. Le secret

Il est des concordances de temps hasardeuses qui finissent par accomplir des destins. En 1964, le gynécologue Pierre Lambert débarque à Châteauroux avec sa famille. De son côté, Viviane Philippon vit à Villedieu-sur-Indre et accouche de son premier enfant en décembre 1964, qu'elle appelle logiquement Guy-Noël. À la recherche d'un gynécologue, elle s'adresse au Dr Pierre Lambert, le seul installé en libéral qui lui convienne. L'autre ayant une réputation de gauchiste pro-avortement. Ainsi, un jour, la modeste Viviane et le notable Pierre font connaissance dans l'intimité d'un cabinet gynécologique, comme n'importe quelle patiente fréquenterait son spécialiste. Ils s'apprécient. Pierre, âgé d'environ trente-six ans, tombe de loin en loin sous le charme de cette petite brune d'une vingtaine d'années, coiffée à la garçonne, tonique et spontanée, souriante et fraîche. La relation médicale se poursuit jusqu'à l'enfantement, en 1967, du deuxième fils de Viviane, Frédéric, mis au monde par le gynécologue attitré.

À quel moment Pierre et Viviane deviennent-ils amants ? Nul ne le sait. Mais il est possible que le gynécologue amoureux ait trouvé, en employant Viviane comme bonne, le moyen de la voir plus souvent sans éveiller les soupçons de sa femme Renée. En 1971, Viviane accouche d'un troisième garçon, David Philippon. Voilà quelques années que Viviane et Pierre se fréquentent. À mesure que le temps passe, Viviane passe de plus en plus de temps avec son amant gynécologue. Espère-t-elle avoir un enfant de son amour caché ? S'écoulent les mois et rien ne vient. Elle prie pour tomber enceinte. Pour pousser un peu le destin, le gynécologue lui prescrit une stimulation hormonale, mise au point à la fin des années 1960 aux États-Unis. Englués dans le mensonge, chacun de son côté voit son couple se désintégrer. Jackie se retrouve souvent seul le soir avec les trois garçons, éreinté par sa journée à l'usine. En l'absence de Viviane, les enfants plongent leur cuillère dans des assiettes de soupe et de fromage blanc que leur réchauffe leur père. Rue Clair-Talichet, les bons petits plats de Viviane manquent cruellement. Ouvrier à la Seita, la manufacture de tabac, Jackie s'échine à son poste d'introducteur nettoyeur, un poste où il doit entasser le tabac dans les broyeurs puis les nettoyer. Un jour, il a failli y rester, enfermé à l'intérieur. Il a crié comme un fou. Quelqu'un a fini par lui ouvrir. Viviane voudrait être libre et impose sa double vie. Le miracle finit par se produire et, au cœur de cet imbroglio familial, Vincent naîtra le 20 septembre 1976 à la clinique Jeanne d'Arc, dans les bras du gynécologue Pierre Lambert.

Officiellement, il est le fils de Viviane et Jackie Philippon. De sa naissance jusqu'à l'âge de six ans, Vincent Philippon vit donc dans la petite maison de la rue Clair-Talichet entouré de ses trois grands frères. Il grandit au rythme des horaires de Jackie et des va-et-vient de Viviane chez le docteur Lambert, officiellement pour assurer ses heures de ménage. Vincent est un enfant effacé et hypersensible. Il parle peu. Sa maturité et son sérieux sautent aux yeux des adultes, comme si, au fond de lui, il savait que la vie ne lui ferait pas de cadeau. Déjà décalé, déjà en souffrance. Pendant six ans, il reçoit l'amour de son père Jackie, qui n'excelle pourtant pas dans la tendresse envers ses trois autres garçons. « Ces deux-là étaient fusionnels », reconnaît Frédéric, le frère aîné de Vincent.

Jusque-là, Jackie n'émet strictement aucun doute sur sa paternité. Lorsque l'ouvrier fait un voyage en 1977 aux États-Unis pour rendre visite à une partie de sa famille, il est surpris à son retour de trouver sa femme enceinte. « Sans l'évoquer à ma mère, il s'interroge un peu », m'explique Frédéric, leur fils. Anne voit le jour le 15 mars 1978, mise au monde par le gynécologue. Le Dr Pierre Lambert appelle aussitôt rue Clair-Talichet et annonce triomphant à Jackie : « M. Philippon, vous venez d'avoir une belle petite fille ! » Jackie accuse le coup.

Jackie découvre peu à peu les indices de la relation adultère. Le doute sur sa paternité se confirme chaque fois un peu plus. Un soir, à table, alors que Viviane dîne en ville avec son amant, Frédéric, âgé de sept ans, s'adresse naïvement à son père :

– Tu sais papa, des fois Viviane appelle Columbo « mon petit chat ».

Une sorte de pacte secret s'installe entre les amants. Jusqu'à la naissance de Marie Philippon, le 27 juin 1980, elle aussi arrivée au monde entre les mains du Dr Pierre Lambert.

En quelques mois, la situation devient insoutenable. Vincent va bientôt souffler ses six bougies. La date limite de reconnaissance légale des enfants approche. Ce qui force Pierre Lambert, le vrai père, à se décider à reconnaître ses trois enfants. Jackie, de son côté, presse Viviane de choisir définitivement son domicile. Par amour, encore, il est prêt à garder les enfants, tous sans exception, même s'ils ne sont pas de lui. Il fait faire une extension dans le salon pour les deux aînés, Guy-Noël et Frédéric. David, Vincent et Anne partagent la chambre du premier. Et il retape le grenier pour y ajouter une chambre. Indécise, Viviane pousse à bout Jackie, qui demande le divorce. Pierre, dont la femme a claqué la porte depuis plusieurs mois, et Viviane se décident enfin à régulariser leur situation. En 1981, Viviane et Jackie divorcent. Le docteur Lambert rachète la part de crédit de Viviane, qui devient propriétaire de la maison de la rue Clair-Talichet.

Désormais Vincent, six ans, est sommé d'appeler Pierre Lambert « papa », et d'effacer de sa mémoire l'existence de Jackie. Premier traumatisme. Un des piliers de sa vie s'écroule. Viviane décrète qu'il faut éloigner Jackie de Vincent, pour le bien de l'enfant. Cet arrache-cœur fait l'effet d'une bombe à fragmentation. « Vincent a six ans et ne comprend pas pourquoi il ne voit plus son père Jackie. Or, Vincent était fusionnel avec lui. Ils s'adoraient. Viviane et Pierre ont semé la désolation, ils ont créé des dégâts collatéraux, détruit la vie de Vincent et celle de Jackie », affirme Frédéric. L'annonce aux demi-frères et sœur passe mal. Marie-Geneviève Lambert, fille de Pierre et Renée, s'occupe occasionnellement des enfants de Viviane, sans savoir qu'il s'agit de ses frères et sœurs. « Ce qui m'a frappée, c'est lorsque mon père m'a annoncé la nouvelle, il n'a parlé que d'Anne et Marie. Il n'a rien dit pour Vincent, se souvient Marie-Geneviève. Je crois que mon père a profité du doute qui avait plané un moment sur sa paternité, doute entretenu pour Jackie. Et en plus, il a fallu que ce soit moi qui l'annonce à ma mère, qui avait déjà quitté la maison... Elle a très mal réagi. Elle a eu le sentiment d'être rayée du livret de famille. » Du côté de la famille de Viviane Philippon, ça ne passe pas mieux. Frédéric avait treize ans : « Maman m'a dit un matin debout dans la cuisine que Vincent, Anne et Marie étaient des demi-frère et sœurs. J'ai claqué la porte et j'ai couru. Malgré tout, je suis resté très lié à ma mère. On était proches, je l'aidais pas mal, je changeais les couches, je faisais le ménage, je repassais. »

Quelques mois avant son mariage avec Pierre, Viviane retombe enceinte une nouvelle fois. Elle vit toujours rue Clair-Talichet. Joseph, le petit dernier, né le 12 janvier 1982, aura la lourde charge d'unir cette immense fratrie éclatée. Le mariage a lieu le 23 octobre 1982 à Châteauroux. Trois enfants (Vincent, Anne et Marie) sont officiellement reconnus par Pierre Lambert après que Jackie a obtenu d'être déchargé de ses droits de paternité par un jugement du 19 janvier 1983. Ainsi commence la nouvelle vie de Vincent avec un frère et deux sœurs, trois demi-frères d'un côté, et un demi-frère et une demi-sœur de l'autre. Pierre Lambert en a même fait une petite charade :

« Viviane en a sept, moi j'en ai six, mais à nous deux, nous n'en avons pas treize ! »

Sans le savoir, Viviane a reproduit le parcours de sa mère, qu'elle a retrouvée bien des années plus tard et qui, après avoir été femme de ménage chez un certain Monsieur Pierre, en est devenue… l'épouse. Pendant les six premières années de Vincent, seule Viviane Philippon détient la clé du malaise impalpable qui va grandir et s'incruster dans le cœur de ce garçonnet malmené. Elle seule sait qui est le vrai père de ce petit Vincent, « ayant eu le privilège d'être un enfant désiré, un enfant de l'amour » comme elle l'affirmera des années plus tard à l'occasion du mariage de Vincent et Rachel, devant une centaine de convives.

5. Le docteur Lambert

En 1971, le gynécologue Pierre Lambert s'engage corps et âme dans l'association anti-avortement « Laissez-les vivre » et devient son représentant départemental dans l'Indre, entraînant derrière lui ses enfants. Les aînés des familles Philippon et Lambert se souviennent tous avoir collé des affiches et tenu des stands pour l'association, sans trop en comprendre le sens. À l'instar d'autres catholiques pratiquants, Pierre Lambert s'inquiète et se braque en particulier à cause des récentes victoires des pro-avortement : la loi Neuwirth, qui légalise la contraception en 1967, puis la proposition de loi du Dr Peyret en juin 1970 pour l'autorisation de l'interruption de grossesse dans des cas spécifiques. Cette brèche légale fait frémir Jean-Bernard Grenouilleau, premier juge au tribunal de grande instance d'Evry-Corbeil, qui lance le premier appel à la résistance avec Charles Rendu, président du Centre de liaison des équipes de recherche sur l'amour et la famille, et Maître François Delibes, avocat à la cour d'appel de Paris.

Tous craignent la boîte de Pandore. Leur appel débouche sur la création de la première association anti-avortement, « Laissez-les vivre SOS futures mères », avec à sa tête Geneviève Poullot, ancienne résistante, et le Dr Paul Chauchard, enseignant à la faculté catholique de Paris. Le généticien Jérôme Lejeune, codécouvreur du gène de la trisomie 21 et membre de l'Opus Dei [3], devient leur conseiller scientifique. Ivan Gobry, écrivain traditionaliste et philosophe à l'université de Reims, leur apporte la caution intellectuelle.

Sans doute le Dr Pierre Lambert est-il assis dans l'auditoire lors du tout premier congrès de « Laissez-les vivre », le 6 novembre 1971 à Versailles, où le Dr Chauchard galvanise ses troupes : « Toute femme enceinte en tentation d'avortement a besoin d'un conseiller de maternité comme un alcoolique a besoin d'une cure médicale. Mais cela ne servirait de rien si l'alcoolique ne trouvait pas ensuite un milieu d'accueil, ce que réalisent les associations d'anciens buveurs ou de volontaires de la sobriété. Prenons donc conscience de notre responsabilité dans les avortements qui se passent à notre insu dans notre quartier. Nous pouvons dès aujourd'hui les empêcher, si nous y croyons, jusqu'à accepter de perdre de notre temps pour cette entraide, qui ne s'arrête pas à la naissance. » Pour ces croisés, il est urgent de stopper l'hémorragie de la libération sexuelle engagée par les militantes féministes dès 1968.

---

3 L'Opus Dei (« Œuvre de Dieu » en latin), également appelé Prélature de la Sainte-Croix, est une institution de l'Église catholique romaine fondée en 1928 par Josémaria Escrivá de Balaguer. En 2017, l'Opus Dei compte plus de 90 000 membres dans soixante pays, dont une majorité de laïcs. Cette organisation a fait l'objet de différentes controverses, notamment sur son aspect secret et son influence politique, ainsi que sur l'étendue réelle de ses moyens financiers. Son credo : mettre en avant la sanctification par le travail et la vie quotidienne.

Le procès de Bobigny en 1972 où Marie-Claire, une jeune fille modeste de seize ans, est accusée d'avoir voulu avorter après un viol, devient symbolique de ce bras de fer idéologique. L'avocate Gisèle Halimi et la romancière Simone de Beauvoir s'emparent du procès pour mettre en lumière le drame des avortements clandestins, faire avancer le droit et les mentalités. Certains soutiennent ce combat, comme le professeur Paul Milliez, pourtant médecin et catholique fervent, affirmant : « Il n'y [a] pas d'autre issue honnête. Je ne vois pas pourquoi nous, catholiques, imposerions notre morale à l'ensemble des Français. » Ses propos en faveur des accusées lui valent en novembre 1972 un blâme du Conseil national de l'ordre des médecins. Le débat fait rage. D'autres comme Jean Foyer, ancien garde des Sceaux sous De Gaulle, s'insurgent : « Si on admet que l'avortement est une chose normale et licite, il n'y a plus de raison de s'arrêter et il n'y a pas de raison pour qu'on n'en arrive pas aux extrémités qu'avec juste raison on a considérées comme étant les plus odieuses sous le régime hitlérien. »

À travers le lobby réactionnaire et intégriste, c'est le début d'une croisade pour le retour de l'ordre moral qui s'installe dans le paysage politique français. L'avortement, au même titre que, bien des années plus tard, le mariage homosexuel, l'euthanasie ou l'ouverture de la PMA aux couples homosexuels, mobilise cette frange extrême. Au point qu'Ordre nouveau, mouvement nationaliste et d'extrême droite, s'associe à l'événement de « Laissez-les vivre », l'association pour laquelle milite Pierre Lambert, en lui fournissant le service d'ordre. Ordre nouveau, reconnaissable par la croix celtique, servira de socle à la création du Front national en 1972.

Pour résister concrètement, l'appel à la désobéissance médicale est lancé. Geneviève Poullot, doyenne d'une famille nombreuse, vieille dame enjouée et sympathique, rend visite à Pierre et Renée Lambert dans la maison des Tibles, près de Châteauroux. Lorsque Simone Veil, ministre de la Santé, est chargée par le président de la République, Valéry Giscard d'Estaing, de composer un projet de loi dépénalisant l'avortement, la tension est à son comble. Le professeur Lejeune devient le porte-parole des anti-avortement dans les médias. Le 6 février 1973, il est interrogé dans un reportage télévisé sur les raisons de son opposition à une loi : « C'est cette vie humaine que nous sommes chargés de protéger, de soigner quand elle souffre et d'éloigner au maximum l'heure de sa mort. […] Tout est dit, il faut choisir : la médecine qui soigne ou celle qui tue. » Malgré de virulents débats lors desquels un député de droite va jusqu'à comparer l'avortement aux chambres à gaz, la loi légalisant l'avortement est votée à la majorité le 17 janvier 1975. Ce dernier acte finit de mettre le feu aux poudres chez les opposants. Il est temps d'agir et de se mobiliser, chacun à son niveau. Le Dr Pierre Lambert intègre l'armée des nouveaux croisés. Qui mieux qu'un gynécologue peut engager des actions concrètes au sein de son cabinet et de son hôpital contre l'avortement ? Qui mieux que lui pourrait faire de la résistance en évitant de prescrire la pilule ? En ordre de bataille contre l'avortement, Pierre et Viviane se feront, quarante ans plus tard, les chantres des anti-euthanasie en judiciarisant le maintien en vie de Vincent Lambert, leur fils en état végétatif.

Mais revenons à Châteauroux, dans ces années 1970. Au milieu de cette ferveur militante, Viviane Philippon, influencée par son amant, le gynécologue, décide d'inscrire ses enfants Guy-Noël et Frédéric dans une école privée. L'école Saint-Michel à Châteauroux saura, pense-t-elle, leur prodiguer une bonne éducation religieuse. Les directeurs, deux chrétiens bénédictins et catéchistes du diocèse, Jean Masure et Pierre Soulet, ouvrent cette structure catholique en 1972. Viviane y inscrit ses deux enfants en 1976. Elle s'entend à merveille avec les deux hommes. Mais, peu à peu, des membres de la Fraternité sacerdotale Saint-Pie X (FSSPX) s'intéressent à cette petite école hors contrat qui pourrait bien former dès l'enfance à la doctrine traditionnelle. La Fraternité, canoniquement nommée Fraternité des apôtres de Jésus et Marie, est une société de prêtres catholiques traditionalistes fondée à Écône en Suisse le 7 novembre 1970, par Mgr Marcel Lefebvre. Farouche opposant au Concile Vatican II qui décide d'ouvrir l'Église au monde moderne et à la culture contemporaine, Mgr Marcel Lefebvre déclare son refus d'y prendre part dans une lettre du 21 novembre 1974 : « La seule attitude de fidélité à l'Église et à la doctrine catholique, pour notre Salut, est le refus catégorique d'acceptation de la Réforme. » Son objectif est de former des générations de prêtres dans la stricte tradition de la messe en latin. Dans ce mouvement réfractaire, autonome et minoritaire, tout reste à construire. Et l'abbé Aulagnier, qui fait partie des treize nouveaux prêtres ordonnés en 1971 par Mgr Lefebvre, est missionné pour prospecter partout en France, trouver des écoles et prendre des contacts avec des chrétiens laïcs « pleins de foi et de détermination », comme les deux directeurs de la petite école Saint-Michel.

Lorsque la Fraternité perd la reconnaissance canonique de l'Église le 6 mai 1975, la réplique de Mgr Lefebvre ne tarde pas. Il ordonne des prêtres sans permission du Saint-Siège. Pour cela, il est sanctionné par la suspense *a divinis*[4] le 30 juin 1975. En 1976, le schisme entre le Vatican et la Fraternité est consommé. Alors qu'il donne une messe au Palais des foires à Lille, Mgr Lefebvre reste droit dans ses bottes face à 6 000 fidèles : « Cette union voulue par ces catholiques libéraux, voulue entre l'Église, la révolution et la subversion est une union adultère de l'Église. Et de cette union adultère ne peuvent venir que des bâtards. Qui sont ces bâtards ? Ce sont nos rites, la messe, les sacrements. Nous ne savons plus si cette messe donne le corps et le sang de notre Seigneur Jésus-Christ ou ne la donne pas. Les prêtres qui sortent des séminaires ne savent plus ce qu'ils sont. » Viviane adhère dans les années 1980 à ces thèses et recevra le soutien discret mais inconditionnel de cette Fraternité Saint-Pie X tout au long de son combat pour éviter la mort de son fils tétraplégique.

Mais son rapprochement avec cette frange intégriste ne s'est pas fait dans l'immédiat. Car, lorsque l'abbé Aulagnier poursuit son œuvre d'infiltration dans la petite école Saint-Michel, où sont scolarisés les deux enfants de Viviane, celle-ci voit cela d'un très mauvais œil. Frédéric, alors âgé de onze ans, se souvient très bien du jour du « putsch ». « On nous a rassemblés dans le préau et l'abbé Aulagnier de la Fraternité Saint-Pie X nous a expliqué que, pour le bien de l'école, M. Soulet et M. Masure ne reviendraient plus. Quelques mois avant, nous avions vu Monseigneur Lefebvre en personne,

4 En droit canonique, la suspense est une sanction pénale qui ne touche que les clercs. Elle appartient, avec l'excommunication et l'interdit, à la catégorie des censures ou peines médicinales, parce qu'elles visent avant tout l'amendement du coupable.

venu célébrer des confirmations, dont la mienne. » En 1978, Viviane Lambert, fort attachée aux directeurs de l'école Saint-Michel, assistant à leur mise à l'écart, choisit son camp et sort ses enfants de là. Guy-Noël et Frédéric se retrouvent au collège privé des Capucins. Dans ce contexte tendu, Viviane fait donc connaissance pour la première fois avec la Fraternité Saint-Pie X.

Qu'est devenue l'école Saint-Michel aujourd'hui ? Rebaptisée école professionnelle Philibert-Vrau et dirigée par l'abbé Eudes-Étienne Peignot, elle accueille des enfants du primaire à la terminale à La Martinerie, ancienne base militaire américaine, près de Châteauroux. Philibert-Vrau compte parmi les trente-cinq écoles primaires, quinze écoles secondaires et aumôneries de plusieurs écoles de filles tenues par des sœurs dominicaines, aux mains de la Fraternité [5]. C'est exactement dans ce type d'école que Viviane décide de scolariser ses enfants en internat durant des années, à commencer par Vincent en 1988, puis Anne, Marie et Joseph. Mais l'année 1988 est aussi cruciale pour la famille Lambert que pour la Fraternité. Le 2 juillet, Mgr Lefebvre est frappé d'excommunication après qu'il consacre, sans permission du pape, quatre

5 En avril 2018, la FSSPX comptait 637 prêtres (dont à peu près 20 % en France), 204 séminaristes, 123 frères, 279 sœurs dont 79 oblates. Les membres de la Fraternité sont implantés dans 37 pays. Ils revendiquent entre 150 et 200 000 fidèles, dont 35 000 en France (une poignée face au 1,3 milliard de catholiques dans le monde). La FSSPX possède une trentaine d'écoles privées « hors contrat » en France. Quelque 4 000 enfants y seraient scolarisés, dont la majorité en internat, d'après la Miviludes (Mission interministérielle de vigilance et de lutte contre les dérives sectaires) qui reçoit régulièrement des témoignages préoccupants et qui, par conséquent, surveille de près cette institution religieuse. La Miviludes vient d'être dissoute, placée sous la tutelle du ministère de l'Intérieur depuis janvier 2020.

évêques, dont Mgr Fellay, son successeur. Dès lors, la vie de la famille Lambert ne cessera d'être inextricablement mêlée à celle de la Fraternité, marquant à jamais sa trajectoire.

Plus pieuse, plus stricte, plus fervente que jamais, Viviane finit par dépasser son maître, le Dr Lambert. Car paradoxalement, du côté de la famille de Pierre et Renée Lambert, il n'a jamais été question de scolariser Dominique et Marie-Geneviève dans le privé, peut-être considéré comme une dépense inutile. En revanche, le Dr Lambert poursuit son combat acharné contre l'avortement et brandit sa clause de conscience jusque devant les tribunaux en 1979. En tant que chef du service gynécologie-obstétrique de Châteauroux, il porte plainte contre la décision du conseil d'administration de l'hôpital de créer un nouveau service de quatre salles dédié aux interruptions volontaires de grossesse. La plainte est rejetée par une décision du tribunal administratif d'Orléans, estimant que la création de ce service « n'est pas susceptible de contraindre le requérant ou aucun autre médecin à participer, en violation de la clause de conscience édictée par la loi du 17 janvier 1975, au fonctionnement du nouveau service ainsi créé ».

Après ce revers, Pierre Lambert aurait fini par se heurter à quelques plaintes à son encontre. Des patientes auraient alerté sur ses pratiques douteuses liées à la délivrance de fausses pilules. En 1982, il aurait été forcé de quitter Châteauroux pour Lure, ville de 9 000 habitants près de Belfort.

6. Le Barroux

Sa voix est posée et calme. Son débit est particulièrement lent, cherchant à chaque instant les mots justes. La première fois que j'ai parlé à Frédéric Philippon, c'était au téléphone. Je redoutais qu'il refuse de me rencontrer. Ce fut tout le contraire. Frédéric est le deuxième fils de Viviane et Jackie. J'avais lu çà et là dans les journaux sa capacité à évoquer sans fard des moments douloureux de l'histoire de sa famille. Une sorte de transparence bienveillante, persuadé qu'il est de la nécessité de dire enfin ce qu'il a vécu. Je m'étonnais d'ailleurs de ne l'avoir jamais vu apparaître sur un plateau de télévision. Frédéric m'accorde immédiatement un entretien chez lui à Cahors. Nous fixons une date, en plein mois de juin 2019, pour passer une journée ensemble. Après plusieurs heures de train et une nuit dans la capitale du Lot, j'arrive dans le lotissement où Frédéric et son compagnon Éric m'attendent sur le pas de la porte. La maison des années 1970 est surélevée. On monte un escalier pour accéder au salon. Deux bichons havanais blancs et aboyeurs m'accueillent aussi à leur manière. C'est la canicule. Frédéric m'offre un jus de fruit frais.

Il est le premier des enfants de Viviane à avoir été mis au monde par le Dr Pierre Lambert. « Le docteur Lambert », c'est ainsi que Frédéric l'appelle encore aujourd'hui, comme pour marquer une distance avec une pointe de respect. Enfant introverti, la larme facile, Frédéric voue un amour sans borne à sa mère. Il est souvent dans ses jupes et cherche toujours à lui plaire. Quand la famille grossit, il est toujours prêt à changer des couches, donner le biberon, faire le ménage et le repassage. Il explique qu'il s'est glissé dans la peau de la fille que Viviane espérait tant. Élevés de manière stricte, Frédéric et ses frères se tiennent à carreau.

À hauteur d'enfant, tout paraît tellement ordinaire. Le docteur appelle rue Clair-Talichet pour parler à Viviane. Le docteur s'installe dans la petite maison lorsque Jackie, le père de Frédéric, est absent. Pourtant, de plus en plus souvent, Frédéric se retrouve à table bien seul avec son père et ses frères. En témoin direct de la relation adultère que Viviane entretient avec le Dr Lambert, Frédéric assiste impuissant à l'abandon progressif du foyer par sa mère. Un soir, Viviane rentre tard. Frédéric ne dort pas. Il se lève et descend les escaliers pour aller l'embrasser – « Maman, tu sens le restaurant », lui dit-il naïvement. Et puis, rien ne se passe jusqu'au jour où, alors qu'il a treize ans, sa mère lui avoue la vérité : « Vincent, Anne et Marie ne sont que tes demi-frère et sœurs. Pierre Lambert est leur père. » En une seconde, Frédéric bascule dans le monde des adultes. Le divorce de Viviane et Jackie, ses parents, le plonge dans un mal-être profond. Désormais, il lui faut apprendre à vivre avec un beau-père, le Dr Lambert, mais aussi avec des demi-frères et sœurs, dans une nouvelle maison, la Chênaie, à quelques kilomètres de Châteauroux.

À cette époque, alors que le nouveau couple Lambert vient d'officialiser son union, les relations entre eux s'avèrent déjà épouvantables. Frédéric est le témoin de scènes de ménage d'une grande violence « en paroles et en actes ». Au milieu de ces échanges tumultueux, les enfants vont à l'école à Châteauroux et chaque dimanche à la messe. Empreint de religion et de spiritualité, Frédéric s'attache à la paroisse et mime la piété maternelle. « J'aimais les chants, la liturgie grégorienne et latine. » Régulièrement, Viviane se rend avec ses enfants à l'abbaye bénédictine Notre-Dame de Fontgombault située à une heure de Châteauroux. Accompagné par son beau-père, Pierre Lambert, le jeune Frédéric va déjeuner de temps à autre au réfectoire avec les moines. Puis, en pleine messe tridentine, il ressent un attrait inexpliqué pour ces cérémonies. « Un moine venait me chercher pour que je puisse m'approcher du chœur et du sanctuaire. À l'époque, ils étaient au moins une centaine. » Mais il est loin de se douter à quelle obédience appartient cette communauté de la congrégation de Saint-Pierre de Solesmes. Traditionalistes, célébrant la messe en latin et adeptes des chants grégoriens, ces moines exercent une influence notoire sur le village. Premier fait d'armes : en 1972, ils offrent refuge au fugitif Paul Touvier, chef de la milice lyonnaise sous le régime de Vichy, et à sa famille. Ensuite, en 1977, ils font élire comme maire Jacques Tissier (pour quarante ans de mandat), un divers droite catholique pratiquant, qui permet l'entrée de deux moines au conseil municipal. C'est que ceux-ci représentent près du quart des votants et paient la moitié des impôts fonciers de la commune d'un peu plus de deux cents âmes… Plus tard, en 1984, le village vote aux Européennes comme un seul homme pour Jean-Marie Le Pen à hauteur de 47 %, soit le meilleur score de France. À l'époque d'ailleurs un curé de Fontgombault déclarait à un journaliste de *Libération* que les Français avaient « la monarchie dans le sang », que « la présence à haute dose des Arabes, qui ne sont pas de même civilisation, ni même de même foi, est un *casus belli* » et que Jean-Marie Le Pen était le « seul candidat à rappeler certains principes de l'Évangile ».

Au matin du 12 janvier 1982, Viviane est de nouveau sur le point d'accoucher. Frédéric, âgé de quinze ans, est présent à la Chênaie : « Maman a accouché à la maison. Elle m'a dit qu'elle sentait que ça allait arriver. C'était son septième. Le Dr Lambert l'a assistée pour cette naissance. Joseph est arrivé comme une lettre à la poste. » Hélas, la venue du petit Joseph ne parvient pas à cimenter la nouvelle famille recomposée. Bien que resté fidèle à sa mère, Frédéric se sent meurtri d'avoir perdu son socle, sa famille et sa maison du quartier de l'Omelon. À seize ans, il termine sa deuxième année de CAP menuiserie au lycée professionnel. Sa foi est au firmament. Il a suffi que Pierre et Viviane le plongent dans ce monde pour que Frédéric entende l'appel de Dieu. Lorsque la famille déménage à Lure, Viviane s'empresse de se rapprocher d'un prêtre célébrant la messe en latin. On lui conseille l'abbé Verrier, ancien curé chassé de sa paroisse, à cause de son penchant traditionaliste. « Par l'entremise de Pierre et Viviane, je fais un jour la connaissance de l'abbé Verrier, proche des moines du monastère Sainte-Madeleine du Barroux dans le Vaucluse. Il a un projet à Faverney, lieu de pèlerinage en Haute-Saône », précise Frédéric. La rencontre va bouleverser le cours de sa vie. Probablement, Viviane ne mesure pas l'influence qu'elle exerce sur ce fils-là depuis des années. Réticente à le voir entrer dans les ordres, trop jeune et sans formation, elle s'y oppose. Puis se laisse convaincre par l'abbé Verrier, son propre confesseur. Frédéric part au séminaire de Faverney et commence son noviciat, prenant la soutane la veille de Noël 1982. L'ancien lycéen y fait la prière et le ménage.

Un jour, l'abbé Verrier, quelque peu cleptomane, l'emmène dans une église et emporte des reliquaires et vases sacrés pour les restaurer. Depuis longtemps déjà, il a pris cette fâcheuse habitude sous prétexte de sauver des objets abandonnés. Lorsque Viviane découvre ce recel, elle saisit l'occasion pour dénoncer le prêtre aux gendarmes dans l'espoir de faire revenir son adolescent. Le prêtre et ses novices demandent à une habitante de les cacher. Ils sont bientôt retrouvés par les gendarmes et conduits au commissariat, où Viviane retrouve son fils. Contrarié dans ses choix, Frédéric rentre chez sa mère contraint et forcé mais devient infernal et ingérable.

« Tu te mets en travers de ma vocation », hurle-t-il à sa mère.

Lui l'enfant modèle tient tête à Viviane pour de bon. Elle ne parvient plus à le convaincre de reprendre la formation de menuisier. Elle capitule et appelle au secours les moines du Barroux pour accueillir Frédéric pendant deux semaines, et calmer les esprits. Le jeune prêtre se réconcilie avec sa mère et part le cœur léger, persuadé de confirmer sa vocation au Barroux. « Au bout de quinze jours, j'étais comme un poisson

dans l'eau. On m'a tonsuré, signe de consécration. J'ai écrit une lettre à ma mère pour le lui dire. J'avais retrouvé une famille. J'étais bien. J'y suis resté pendant vingt-cinq ans. »
Viviane se fait une raison. Et puis, rapidement, elle y trouve grand intérêt.

Le 29 septembre 1984, Frédéric entre au Barroux, une communauté bénédictine en pleine expansion, fondée par Dom Gérard Calvet une dizaine d'années auparavant. On y érige une somptueuse abbaye de style roman sur dix hectares et une nouvelle communauté féminine vient de voir le jour. Les moines entretiennent des liens très étroits avec la Fraternité Saint-Pie X et Mgr Lefebvre. Très actif dans la bataille pour la liturgie traditionnelle, militant affiché contre l'avortement, Dom Gérard participe à la création du pèlerinage de chrétienté[6] aux côtés de l'essayiste Jean Madiran, militant de l'Action française et proche du Front national. C'est dans ce contexte idéologique, dont Frédéric encore mineur ignore beaucoup, que commence pour lui une nouvelle vie de prière, de silence et de chasteté. « Je me suis construit d'un point de vue spirituel, humain et intellectuel par ma vie au monastère. J'adorais ça, j'avais grandi là-dedans. Mon quotidien était fait de prière, de contemplation, de travail et de don de soi à Dieu. Ma vie de cénobite était une vie de charité fraternelle et de pratique de la règle de saint Benoît. »

---

6 Le pèlerinage de chrétienté est un pèlerinage crée en 1983 qui se déroule chaque année à la Pentecôte, de Notre-Dame-de-Paris à Notre-Dame-de-Chartres. Depuis 1993, il est organisé par l'association catholique traditionaliste Notre-Dame de Chrétienté et réunit annuellement près de 15 000 pèlerins. Marion Maréchal, fidèle pèlerine, y a participé.

Peu à peu, le moine Frédéric devient une icône au sein de la famille. Il prodigue des conseils – ne pas aller plus vite que la Grâce, rappeler le droit chemin. Une fois par an, les différents membres de la famille viennent lui rendre visite. Depuis ce poste d'observation privilégié, il regarde sa famille se déliter, inexorablement. Dix ans durant, Jackie décide de ne plus se rendre au Barroux. « J'ai supplié mon père de venir me voir. Je lui écrivais des lettres. Un jour, il a fini par revenir. »

Quant à Viviane, elle adopte le Barroux et développe des liens affectifs avec les moines, devenus ses directeurs de conscience. Frédéric est régulièrement complimenté au sujet de cette maman si « gentille et affable ». Lui voit d'elle un autre aspect, plus castrateur : « J'avais le sentiment que j'expiais les douloureux écarts de ma mère. Je crois sincèrement que le rapprochement de ma mère avec le monastère était un besoin spirituel de conversion intérieure. J'offrais ma vie pour ma famille. Les petits et grands sacrifices de ma vie de moine consacré étaient tous destinés à ma famille. » Il reçoit aussi des visites plus douces, des témoignages de confiance. Comme celui de Vincent qui vient lui présenter sa première compagne en 1996. Puis, en 2005, la deuxième, Rachel, qui deviendra son épouse. « Vincent voulait me faire partager les moments importants de sa vie. Il était très sensible à la religion. Il avait confiance en les moines du Barroux. Il aimait le monastère et les chants grégoriens. Il a même demandé au père Charbel Pazat de Lys du Barroux de bénir Rachel et son bébé, quand elle était enceinte », se souvient Frédéric.

À la tête du Barroux, Dom Gérard prend ses distances avec la Fraternité en 1988, quand Mgr Lefebvre consacre quatre évêques contre l'avis du pape. La communauté du Barroux se fait ainsi reconnaître canoniquement par le Saint-Siège. La façade est sauve mais le niveau d'intégrisme reste le même : messe en latin et rituels liturgiques dans le but de faire triompher le règne de Dieu sur terre. Le 24 octobre 1994, aux côtés d'un commando anti-IVG, Dom Gérard, arborant la tonsure traditionnelle, s'enchaîne en soutane noire, la chaîne et sa croix autour du cou, devant le bloc opératoire de l'hôpital Michallon à Grenoble. Le tout devant les caméras de télévision. Claire Fontana, fondatrice de l'association anti-avortement « La Trêve de Dieu » et fille d'Ivan Gobry (soutien sans faille de « Laissez-les vivre »), en fera des affiches de propagande épinglées jusque dans les patios du Vatican. Quelques mois plus tard, devant la chambre correctionnelle du tribunal de Grenoble, Dom Gérard assume tout en se référant « à la loi de Dieu qui transcende toutes les lois. Nous nous attendons à être condamnés. Il faut souffrir pour sauver. Nous appartenons à la religion du Salut. Sauver, il faut que ça fasse mal. » Ami de Dom Gérard, le docteur Pierre Lambert se joint également à ces commandos anti-IVG. Marie-Geneviève, sa fille aînée, se souvient y avoir été conviée par son père à plusieurs reprises. En quatre ans, plus d'une centaine de centres IVG seront la cible de ces commandos avec, chaque fois, des peines très faibles.

Dans un portrait que consacre *Libération* à Dom Gérard en 1995, on peut lire à quel point les liens entre ce monastère et l'extrême droite perdurent : « Dans la grande salle du réfectoire du monastère, à l'heure du repas de midi, un moine monté en chaire dit le bénédicité. Puis, sur le même ton chantant, il lit *Présent*, le quotidien des catholiques traditionalistes du Front national. » Frédéric nuance et me précise : « Le père abbé bénissait d'abord le repas. Puis nous lisions la Bible et ensuite un livre d'intérêt général. Parfois, le midi, c'est vrai, il y avait *Présent* mais il y avait aussi d'autres journaux. Pour ma part, je n'avais pas tellement de vision politique. J'étais et je suis contre l'avortement, c'est le principe qui me gêne, mais je comprends la détresse d'une femme qui n'a pas choisi. Pour ma part, j'étais plutôt dans le combat spirituel et pour des valeurs chrétiennes. À une certaine époque, il est arrivé aussi qu'on nous oriente subtilement dans nos votes, au bénéfice du Front national, car le supérieur alors en charge considérait que c'était le parti le plus à même de relever la France. »

À partir de ses quarante ans, en 2007, Frédéric doute de sa place dans l'abbaye. Le rôle de confident devient pesant. La vie monastique aussi. Il lutte contre ce qu'il interprète d'abord comme une tentation du diable. Le conflit intérieur s'intensifie au moment où il apprend, le 29 septembre 2008, le terrible accident de Vincent, son frère. Grièvement blessé, celui-ci est entre la vie et la mort. Le traumatisme crânien et la lame de sang au niveau frontal ne présagent rien de bon. La grande famille se presse à son chevet, y compris Frédéric : « Je pensais que Vincent allait mourir. Je pensais à son âme et j'ai demandé à Rachel si elle souhaitait lui faire donner les sacrements. Le prêtre qui les a mariés est venu. » Deux jours plus tard, Frédéric repart au Barroux et reçoit régulièrement des nouvelles de Vincent, dont l'état devient stationnaire. Il se sent de plus en plus mal dans son habit de moine. « Je ne mangeais plus. Je dépérissais. Il fallait que je parte. J'avais besoin d'aimer. »

En avril 2009, peu avant la Semaine sainte, il quitte les ordres. Sans regretter et sans renier. « Mon départ du monastère a été vécu comme une trahison, comme un divorce, par ma mère. Après que je suis parti, elle n'a pas voulu me voir pendant six mois. » La maison de famille de Mollans-sur-Ouvèze (Drôme), achetée en 2002 par Viviane et Pierre pour se rapprocher du Barroux, aurait pu lui permettre d'opérer la transition. Mais Viviane le répudie. « J'ai quitté l'habit à Avignon chez mon frère Joseph. Puis je suis rentré à Châteauroux avec peu de ressources, avec des vêtements "trop grands", chez mon père et sa femme Bernadette, une cousine de ma mère. » À l'abbaye, Frédéric était couturier, mais aussi responsable de la buanderie et de l'infirmerie. Depuis Châteauroux, les moines lui donnent quelques pièces à coudre le temps qu'il retrouve un emploi. Puis il se fait embaucher à l'hôpital de Châteauroux comme aide-soignant. Aujourd'hui, il exerce ce métier avec passion dans une maison de retraite, près de Cahors.

7. Les abus

Après trois ans passés à Lure, le docteur Pierre Lambert décroche, en 1985, un poste de chef de service en gynécologie et obstétrique à l'hôpital de Rethel, une petite commune de 7 000 habitants, pile entre Reims et Charleville-Mézières. La grande famille emménage dans une belle maison cossue en briques jaunes, jouxtant le presbytère de l'église Saint-Nicolas. À l'arrière, le jardin luxuriant possède au centre une butte envahie par le lierre et les fleurs. Tout au fond, un bosquet offre à la fratrie des parties de cache-cache endiablées jusqu'à la tombée de la nuit. Le portique avec des balançoires vertes est toujours là. Si ce n'est plus le même, il y ressemble. Joseph n'a que trois ans. Vincent, Anne et Marie sont scolarisés à l'école primaire publique Jean-Mermoz. David, lui, va au collège. Les plus âgés, Dominique et Marie-Geneviève Lambert d'un côté, Guy-Noël Philippon de l'autre, ont quitté le foyer familial.

De ces années, Marie, la sœur cadette de Vincent, garde un beau souvenir au parfum de liberté : les escapades à bicyclette, la construction de cabanes, les courses de rollers dans le garage. Mais Viviane Lambert tient son foyer d'une main de fer, impose des règles de vie, emmène ses enfants à la messe de l'église Saint-Walfroy, propriété de la Fraternité Saint-Pie X, à Charleville-Mézières. Endimanchés, les filles portent la petite robe quadrillée rouge, le collant bleu et le serre-tête, les garçons, la chemise blanche, le pull rouge et le pantalon bleu. « À part le dimanche, il y avait bien des histoires de prières et de chapelet le soir mais pas plus. Ma mère était sévère si on faisait des bêtises mais jamais de façon excessive. En revanche, elle n'a jamais donné d'affection », analyse Marie. Les rapports entre Pierre et Viviane sont exécrables. Viviane est sanguine, elle s'emporte souvent, casse de la vaisselle. Pour éviter le divorce et sans doute la mauvaise réputation aux yeux d'une église traditionaliste, Pierre prend du champ et s'installe dans un petit appartement, rudimentaire et glacial, à quelques rues de là.

Chaque samedi après-midi, le catéchisme se fait à Reims. Pendant les vacances d'été, les enfants fréquentent les louveteaux et les jeannettes, dans le groupe Notre-Dame de France, entre Charleville-Mézières et Reims. À la belle saison, les garçons, David et Vincent, sont inscrits à des camps scouts, où la loi des louveteaux appelle à être « un garçon propre, attentif, serviable, gai et vrai », en faisant la promesse de « faire de son mieux ». Lors des campements qui se déroulent dans des propriétés privées, les jeux de plein air ont pour but d'apporter, peut-on lire sur les brochures, « l'épanouissement physique nécessaire pour compenser une vie confinée d'écolier et assurer une croissance harmonieuse ». Chez les louveteaux, Vincent, neuf ans, fait des balades dans les bois, allume des feux de camp, mais doit aussi apprendre le sens de Dieu. Encadrés par des chefs, cheftaines et aumôniers, les enfants miment des scènes de l'Évangile, de la vie de saint François, ou des cérémonies préliturgiques avec des chants et des lectures. David, le demi-frère aîné, est âgé de quatorze ans, il fait partie du groupe des scouts.

L'abbé Philippe Peignot, trente-cinq ans, corpulent, chauve et borgne, exerce en tant qu'aumônier à la chapelle privée Saint-Hubert de Bazeilles, située à une vingtaine de kilomètres de Charleville-Mézières. Il y reste deux ans, de 1985 à 1987. Ce prêtre est chargé des messes mais aussi d'encadrer les meutes de louveteaux, selon la tradition du scoutisme catholique. De cette chapelle Saint-Hubert, aucun des frères et sœurs que j'interroge n'a de souvenirs. Le seul, pour Anne et Marie, concerne les camps scouts dans différentes propriétés, à Bitche en Moselle ou à Courtisols en Champagne-Ardenne. David Philippon possède sans doute des informations précises. Je l'appelle à plusieurs reprises, laisse un message, mais il ne me répond pas. Je comprends qu'il ne souhaite pas me parler. Avec sa sœur Anne et sa mère Viviane, David fait partie de ceux qui ont choisi de s'opposer à la décision de l'équipe médicale de laisser partir Vincent. Comme sa femme Stéphanie, ce demi-frère est membre de la Fraternité Saint-Pie X. Et deux de leurs neuf enfants, Rémi et Benoît Philippon, sont respectivement frère et bientôt abbé à Saint-Pie X.

En 1985, Vincent et David fréquentent les scouts du Barroux, où vit Frédéric, leur grand frère moine. À l'été 1986, Viviane ne les y emmène plus. Et se tourne vers les activités de scoutisme dans sa région. C'est à partir de cette rentrée scolaire 1986 que l'abbé Peignot harcèle David et tente de l'agresser sexuellement. Plus âgé que Vincent, il se serait débattu et se serait enfui après la tentative du prêtre. Il alerte aussitôt sa mère. Très en colère, Viviane a aussitôt le réflexe d'interroger Vincent. A-t-il été agressé par Peignot ? Vincent répond : « oui ». C'est ce souvenir qui reste dans l'esprit de Frédéric Philippon. À plusieurs reprises, peut-être avant d'agresser David, Philippe Peignot ira trouver Vincent sous sa tente pour abuser de lui. Bien plus tard, à l'âge adulte, Vincent évoque plusieurs fois ces épisodes traumatiques auprès de Joseph, le frère duquel il est le plus proche, de six ans son cadet. Je rencontre Joseph pour la deuxième fois dans un bistrot parisien. Il me raconte : « Vincent m'a dit une phrase que Peignot prononçait quand il allait le voir : "Ton sang est mon sang". La formulation de Vincent supposait que cela s'était produit plusieurs fois. Mais Vincent ne m'a jamais précisé le genre d'agression. » Je lui demande aussitôt pourquoi Vincent n'a jamais porté plainte : « Vincent ne se sentait pas capable. Il avait beaucoup de violence en lui. On avait prévu tous les deux de faire une expédition punitive contre Peignot, comme dans le film *Sleepers* avec Brad Pitt et De Niro. D'ailleurs Vincent regardait ce film en boucle, il était fasciné par la violence. Je crois qu'on se sentait légitimes de se venger et de faire justice nous-même. C'est à cause de moi qu'on ne l'a jamais fait. Ce n'était pas tant l'acte en lui-même qui m'a fait renoncer mais les conséquences néfastes pour nous. »

Sur Internet, quand j'associe sur le moteur de recherche le nom de Peignot à celui de Vincent Lambert, un seul lien apparaît : le *Livre noir de la Fraternité Saint-Pie X*[7], rédigé dans une

7 Le *Livre noir de la Fraternité sacerdotale Saint-Pie X*, mai 2016 et janvier 2019 (version à jour et augmentée).

première version en 2016, puis augmenté en 2019, par l'Avref (Association d'aide aux victimes des dérives de mouvements religieux en Europe et à leurs familles). Les agressions de l'abbé Peignot y sont décrites avec un chapitre consacré à Vincent Lambert. Pourtant de notoriété publique, l'information et le nom de l'abbé ne seront publiés par aucun journaliste, tout au long de l'affaire. Dans l'avant-propos du livre noir, Aymeri Suarez-Pazos, président de l'Avref, dénonce au sujet de la Fraternité : « Comme dans tout milieu fermé et jugeant de haut le reste du monde (dont le reste de l'Église), les affaires de mœurs ou même criminelles, toujours critiquées quand elles sont à l'extérieur, sont étouffées quand elles sont en interne. Et où les victimes, évidemment ignorées, se trouvent exclues de ce qui a été toute leur vie, leur société, leur famille, leur milieu identitaire. » Je m'emploie alors à recomposer les faits avec les témoignages précieux des proches de Vincent.

Frédéric Philippon, demi-frère de Vincent, m'explique que Vincent n'a pas été le seul concerné par ces agressions sexuelles mais que seule leur mère Viviane a osé se plaindre. Il ne saura pas m'en dire plus. Je pars alors à la recherche d'autres possibles témoignages. Peignot a fait une autre victime qui se bat aujourd'hui pour obtenir justice. Il s'agit de Simon[8], qui préfère garder l'anonymat pour protéger l'instruction en cours. Victime de Peignot en Belgique, il se retrouve quelques années plus tard à l'internat Saint-Pie X de Bitche en Moselle. Lorsque je prends contact avec lui, il me confie avoir échangé avec quelques-uns de ses camarades à propos de l'abbé Peignot qui, lors de camps scouts dans l'est de la France, prenait la liberté

---

8 Le prénom a été modifié.

de savonner lui-même les enfants nus, sous la douche. « Dans le procès qui lui sera fait plus tard au sein de l'Église, poursuit Simon, l'enquête a établi avec des témoignages concordants que Peignot imposait aux enfants ce rituel de la toilette lorsqu'il était en poste à Bazeilles. »

Revenons à Vincent : lorsqu'il est abusé, Viviane proteste ardemment auprès du siège français de la Fraternité Saint-Pie X basé à Suresnes (Hauts-de-Seine). Elle accuse Peignot d'avoir commis des actes de pédophilie sur son fils. Obtient-elle une réponse ? A priori, aucune trace écrite. Mais peut-être reçoit-elle des excuses orales et une garantie de mettre Peignot hors d'état de nuire. De son côté, l'abbé Peignot demande pardon directement aux parents de Vincent. Ils prennent même le temps d'en parler au point que Pierre Lambert, comme me le confie Joseph, lui conseille le nom d'un médecin pour qu'il se fasse soigner. Bien qu'alertés, les supérieurs de la Fraternité ne procèdent à aucun signalement auprès de la justice. Les parents de Vincent non plus ne portent pas plainte. En 1987, Peignot quitte la Champagne, exfiltré le temps de se faire oublier pendant une petite année à Lourdes, probablement à la Maison Saint-Ignace, sorte de maison de repos pour les prêtres de la Fraternité. Dans le *Livre noir de la Fraternité Saint-Pie X* de 2016, l'Avref confirme ces informations que je recueille auprès de la famille Lambert : « La ligne de défense canonique de Peignot a précisément été que la remontée de bretelles par Viviane Lambert avait été une prise de conscience salutaire qui a fait qu'il n'a jamais récidivé. »

Au sein de l'Église romaine aussi, les mécanismes d'étouffement des affaires de pédophilie sont à l'œuvre. Les cas d'abus sur mineurs demeurent confidentiels et la seule mesure consiste à changer le prêtre de diocèse sans se préoccuper d'une récidive possible, sans mettre en place un soutien psychologique pour la victime et sans aucune sanction pénale. Il faut attendre 1998 pour que la question de la pédophilie soit abordée dans un article du secrétariat de la conférence des évêques de France. Plusieurs affaires éclatent alors en France avec une dizaine de prêtres mis en examen pour des faits survenus dans les années 1980. À la Fraternité, ce même système de mise à l'abri de prédateurs sexuels me pousse à creuser le parcours précis de l'abbé Peignot. A-t-il sévi bien avant Vincent au sein d'autres aumôneries ou chapelles ? Car avant d'être intégré à la Fraternité Saint-Pie X et de s'installer dans l'est de la France, l'abbé passe deux ans à l'Institut religieux de la Sainte-Croix de Riaumont, à Liévin. De 1977 à 1979, il fait partie de cet ordre religieux traditionaliste fondé en 1958 par le père Albert Revet, bénédictin adepte du scoutisme religieux, qui accueille en internat près de deux cents enfants, venus de foyers, placés ou sous tutelle, de six à dix-huit ans. Je lance mes recherches et je retrouve des scandales récents (2019) de violences physiques pour lesquels quatre religieux de ce village d'enfants ont été mis en examen et qui ont entraîné la fermeture de l'école. Mais rien sur l'abbé Peignot à Riaumont.

Niché au cœur du bois de Riaumont, ce village d'enfants aux allures de cité médiévale jouit, dans les années 1970, d'une liberté pédagogique étonnante avec des financements de l'État pour subvenir aux besoins des enfants placés. Ces derniers portent tous des chemises, des rangers aux pieds et un short en cuir court tenu avec des bretelles, de style bavarois. Ils s'entraînent comme dans un camp paramilitaire et subissent des sévices physiques et psychologiques. Je retrouve tout de même un reportage de M6[9], consacré à ce village, diffusé en avril 2019, où un homme d'une cinquantaine d'années prénommé Bruno témoigne non seulement de violences physiques et psychologiques, mais aussi sexuelles. Ayant grandi à Riaumont, il raconte ce qu'un frère de Riaumont l'a forcé à faire : « Il relevait sa soutane, je le fouettais. Plus il jouissait et plus il me demandait de le fouetter. C'est quelqu'un qui aimait qu'on le fouette, qu'on le flagelle. J'ai voulu aller en parler et c'est lui qui en a parlé avant. Donc il a été viré et puis voilà. » S'agit-il de Peignot ? Lorsque je parviens à contacter Bruno, je lui demande le nom de cet abbé. Il confirme mes soupçons : « C'est bien Philippe Peignot. » Je lui détaille alors les autres cas d'enfants abusés par ce même abbé, connus à ce jour : Vincent Lambert et Simon. « Je tombe de haut, me dit-il. Jamais je n'aurais pensé qu'il resterait en contact avec des enfants. Pour moi, cette affaire était terminée. Je suis profondément blessé de savoir qu'il a continué. Je me sens violé une deuxième fois. Je n'ai pas tout dit dans le reportage. J'aimerais bien vous parler et vous expliquer en détail. » À cet instant, je comprends que son témoignage dans l'affaire Peignot pourrait s'avérer crucial et permettrait de prouver que cet abbé ne s'est pas « égaré » une fois avec Vincent, comme il l'affirme, mais qu'il est bel et bien un multirécidiviste protégé.

Je prends rendez-vous avec Bruno à Lille, où il vit avec son épouse et ses enfants. Il est peut-être le premier mineur à avoir été agressé par Peignot. Je trouve à la gare un homme aux cheveux poivre et sel, visage creusé, rides profondes avec un petit

---

9 « Riaumont, une communauté dans le viseur », 66 minutes, M6, 14 avril 2019.

bouc et des lunettes. Son débit est lent, sa voix faible. Bruno est un homme brisé, en arrêt maladie pour invalidité. Longtemps, il a lutté pour rester vivant. Sa survie, il la doit à sa famille. Pour le reste, il se dit meurtri à jamais. Son récit s'arrête parfois parce qu'il n'y arrive pas. Alors, on parle d'autre chose. Puis après quelques heures, il parvient à formuler ces moments de terreur. Quand Peignot arrive à Riaumont, Bruno a quatorze ans. Il a été placé dès l'âge de quatre ans et demi avec deux de ses frères à la demande de sa mère. Son enfance a déjà été un peu détruite. Outre les nombreux sévices physiques, les coups de ceinture, l'enfermement pendant des jours dans les douches en culotte à dormir à même le sol pour avoir volé des bonbons, outre les heures forcées à réciter la messe en latin à genoux et à entendre que la démocratie c'est de la « connerie », que les femmes sont des catins, le mal et la tentation réunis, outre les croix gammées dessinées sur le crâne pour marquer ceux qui auraient voulu fuguer une deuxième fois, outre enfin le port d'uniformes allemands, la fascination du père Revet pour la jeunesse hitlérienne jusqu'à posséder une moto datant de la Seconde Guerre mondiale, et les travaux de terrassement imposés aux enfants après l'école, Bruno a donc été abusé sexuellement.

« Mon refuge, c'était la ferme, les animaux, les chevaux. C'est là qu'il m'a chopé. » Philippe Peignot a pour habitude de se déshabiller devant les enfants pour nager dans la rivière. « Il était en érection, on l'appelait même "vire à gauche". C'était un homme grand et costaud, un blond aux yeux bleus, un gaillard dont on se demandait pourquoi et comment il avait atterri à Riaumont. » Je demande ensuite à Bruno si Peignot était borgne à cette époque. « Peignot a été éborgné à Riaumont parce qu'il est arrivé au milieu d'une bagarre de cailloux entre enfants. C'est là qu'il a perdu son œil », me raconte-t-il. Peignot s'occupe à plein temps de la ferme et des animaux. « Il a d'abord essayé de me mettre en confiance. Il y a eu des frôlements, des jeux de cache-cache. Il me demandait de l'aider à tuer le cochon, d'aller chercher du foin dans la grange. C'est là qu'il m'a sauté dessus la première fois. C'était un pervers, je sens encore ses gémissements dans mon cou. Et ça se terminait toujours par des flagellations. Il me demandait de le fouetter. Des fois, aussi, pour faire pénitence, il allait nu à genoux traverser des sentiers pleins de ronces. J'étais tétanisé avec une seule idée, excusez l'expression : sauver mon cul. C'est arrivé quatre ou cinq fois. La dernière, je lui ai dit que j'allais en parler au père Revet. Il l'a fait avant moi, sous le sceau de la confession. » À partir de là, Bruno n'entend plus jamais parler de cette histoire, comme s'il ne s'était rien passé. « Je pensais qu'on me proposerait de voir un psychologue, une prise en charge. Mais non, c'était le silence. Il a fallu que je me débrouille avec cette omerta. » L'après-Riaumont est pour Bruno une descente aux enfers, faite d'alcoolisme, de rue, de prison et de drogue. Jusqu'à sa reconstruction et sa rencontre avec sa femme.

En juillet 2019, il se rend à Riaumont pour le baptême du petit-fils de son frère, resté en lien avec les prêtres traditionalistes. « Le père Argouarc'h, l'ancien directeur, successeur du père Revet, m'a demandé de signer un papier qui blanchissait Riaumont sur toute la période où j'étais chez eux. Il voulait que je dise que tout s'était bien passé pour moi. J'ai refusé. Pour moi, c'est un aveu. Alors oui, Riaumont jouit d'une impunité totale et ils ont leur part de responsabilité dans ce qui m'est arrivé avec Peignot. Ils auraient dû s'assurer qu'il n'allait pas recommencer. » Le village d'enfants de Riaumont conservera son agrément de l'État pour accueillir des enfants placés jusqu'en 1981. En 2018, six moines ont été mis en examen pour des faits de violences sur mineurs, commis entre 2007 et 2014. L'un d'eux, placé en garde à vue et relâché, était déjà poursuivi en 2017 pour détention d'images pédopornographiques. Depuis le 15 janvier 2019, l'établissement a demandé aux élèves de rentrer chez eux. J'essaie de contacter Jean-Paul Argouarc'h par téléphone, puis par mail. Je veux lui parler de ce qu'a vécu Bruno, des faits de pédocriminalité dont il a été victime et de l'omerta qui a régné au sein de la communauté. Je n'aurai aucune réponse.

Lorsque Philippe Peignot est renvoyé de Riaumont en 1979, il est aussitôt accueilli au séminaire Saint-Pie X d'Écône en Suisse. Mgr Lefebvre l'ordonne prêtre à la Fraternité Saint-Pie X le 29 juin 1982. Puis le nomme au prieuré de Sainte-Croix, à Croix (Nord). Après Croix et Bazeilles, où il agresse Vincent, l'abbé Peignot part à Lourdes puis se voit muté en 1988 au prieuré du Christ-Roi à Bruxelles, où il sévit sur Simon. Comme Vincent, Simon vient d'une famille intégriste et fait partie des louveteaux à la Fraternité de Bruxelles. Seule différence, Simon a été une victime de longue durée. Dans un premier temps, je découvre son témoignage dans le *Livre noir de la Fraternité*, où il décrit les agressions de manière clinique : « C'est au cours de catéchisme que ses tentatives de séduction ont commencé. […] Il m'invitait souvent dans son bureau après les cours, parfois d'une façon autoritaire quand je l'avais chahuté. […] Il me faisait asseoir sur ses genoux. Au début, il se contentait de me faire jouer au toboggan sur sa soutane :

il écartait les jambes de façon que je glisse en frottant contre son sexe. [...] Il était très tactile et avait beaucoup de gestes d'affection, comme des baisers à la limite des lèvres, en particulier quand j'étais sur ses genoux. Puis il a commencé à me caresser le sexe en passant sa main dans mon caleçon par la ceinture ou en remontant le long de ma jambe quand je portais un short. [...] Je l'entends encore me dire : "Ah mon petit Simon !", en faisant ça. [...] Je n'aimais pas l'abbé Peignot, je le trouvais bébête et rustaud, je trouvais ridicule sa voix de fausset. [...] L'événement le plus grave a eu lieu dans sa voiture. Ce n'était pas seulement une tentative de viol, j'ai réellement craint pour ma vie. [...] Nous étions sur l'autoroute en direction de Namur et l'abbé Peignot venait de terminer une lecture du bréviaire. Il lui arrivait souvent de lire au volant alors que pourtant il était borgne. Soudain, il m'a saisi par la nuque et m'a poussé la tête vers son entrejambe. Il a soulevé sa soutane et a voulu me forcer à lui faire une fellation. Il était déchaîné. [...] Ayant réussi à me dégager, je me suis faufilé entre les sièges pour me réfugier à l'arrière de la voiture. J'étais terrorisé. » Avec pudeur, Simon raconte l'événement à ses parents, qui ne cherchent pas à en savoir davantage. Et le cauchemar continue. En 1989, Simon a douze ans. Il devient violent et turbulent à l'école. Il vole et boit de l'alcool pour se saouler. Lors d'un camp scout en Vendée, Simon est forcé par ses parents à suivre l'abbé Peignot, qui l'agresse sexuellement deux fois encore. Jusqu'à ce que l'adolescent lui donne un grand coup de coude dans le ventre. Et que Peignot cesse définitivement les violences sur lui.

Simon accepte de me raconter ces faits de vive voix et m'aide à recomposer le puzzle de trois histoires : celles de

Bruno, Vincent et la sienne. J'entame un long dialogue régulier avec lui sur la manière dont la hiérarchie de la Fraternité a couvert jusque très récemment l'abbé Peignot et sur sa décision de porter plainte en mai 2012. Je découvre alors que les premières alertes de sa part remontent à une vingtaine d'années. Dès 1990, Simon fait état oralement des agressions qu'il a subies à l'adresse de l'abbé Paul Aulagnier, supérieur du district de France de 1976 à 1994 (celui-là même qui noyaute l'école Saint-Michel de Châteauroux, où Viviane a inscrit ses enfants, à la fin des années 1970). Sa réaction ? « Beaucoup plus embêté que surpris, un peu comme s'il le savait », me répond Simon. Face au manque de soutien, Simon fait une dénonciation écrite en 1991, à peine âgé de quatorze ans, à l'abbé Franz Schmidberger, supérieur général de la FSSPX. Silence radio. L'abbé Peignot reste en place à Bruxelles jusqu'en 1993, puis s'installe dans les Yvelines pour assurer son ministère sacerdotal à la chapelle Sainte-Honorine de Conflans et à la chapelle Saint-Mathias à Pontoise, encore et toujours en contact avec des mineurs. En 1997, lorsque Viviane Lambert découvre l'activité de l'abbé Peignot, aux côtés des louveteaux et des scouts au sein de la Fraternité, elle écrit, très en colère, au siège français à Suresnes pour dénoncer ce prêtre et s'étonner qu'il soit toujours au contact d'enfants.

Pour sa part, Simon ne se résigne pas au silence que veut lui imposer la Fraternité. Et tente de frapper à plusieurs portes. Il s'adresse de nouveau en 2008 à l'abbé Paul Aulagnier, cette fois par téléphone. Lorsque Simon l'interroge sur les abus anciens de l'abbé Peignot, les lettres de Mme Lambert et l'absence de réaction de la FSSPX, Aulagnier défend Peignot et dépeint Viviane en ces termes : « une vieille folle qui le poursuit depuis des années ». C'est en effet la seule qui ait eu le courage de se manifester. L'échange téléphonique tourne court. Simon comprend qu'Aulagnier est un ami et soutien de Peignot.

Mais Simon, trente et un ans, ne baisse pas les bras et obtient, en 2008 et 2009, deux entretiens avec l'abbé Niklaus Pfluger, premier assistant de Mgr Fellay, le supérieur général de la FSSPX, qui vient le voir à Bruxelles. À cette occasion, ils échangent sur la plainte officieuse de Viviane Lambert. Simon m'explique : « C'est en mettant la pression sur l'abbé Niklaus Pfluger que j'ai réussi à obtenir confirmation qu'il y avait eu deux victimes antérieures à moi, dont la mère avait écrit au district à Suresnes. À l'époque, je ne savais même pas qu'un des deux s'appelait Vincent Lambert, j'avais juste aperçu brièvement, sur l'en-tête de la lettre que Pfluger avait en main, le nom "Lambert-Philippon" et "Reims". Tout s'est confirmé quand l'affaire Lambert a éclaté dans les médias en 2014 et que j'ai compris que nous avions un an d'écart avec Vincent. » Contrairement à sa ligne de défense à propos de Simon consistant à nier tout abus sexuel, l'abbé Peignot a toujours reconnu certains faits pédophiles sur Vincent en 1986, des « pulsions », a-t-il dit aux enquêteurs, lorsqu'il a été entendu peu après le dépôt de plainte de Simon, classé sans suite à ce moment-là pour cause de prescription des faits. Alors que cet abus subi par Vincent enfant était resté secret, l'avocat de Rachel Lambert, épouse de Vincent, décide de le dévoiler lors de l'audience du 15 janvier 2014 au tribunal administratif de Châlons mais sans révéler le nom de l'agresseur. Un an avant, l'équipe médicale du Dr Kariger, chef du service des soins palliatifs du CHU de Reims, qui s'est occupé de Vincent pendant six ans, a déjà repéré une forme d'inconfort inhabituel chez de tels patients. Dans son livre, *Ma vérité sur l'affaire Vincent Lambert*[10], le Dr Kariger explique ces refus de soin : « Au moment des soins d'hygiène intime, Vincent a des réactions de retrait, d'évitement. Cela, les aides-soignantes et les infirmières ne peuvent pas l'interpréter. Car à ce moment-là, seule Catherine, la psychologue du service, connaît la violence subie par Vincent dans son enfance, puisqu'elle accompagne Rachel dans sa souffrance d'épouse et de jeune mère et qu'elle a reçu ses confidences. Mais elle ne les a pas encore portées à la connaissance des médecins. Étant moi-même soumis au secret, j'ai regretté que l'agression pédophile subie par Vincent [...] ait pu être révélée à l'audience du 15 janvier 2014. Mais c'est un fait qui a son importance. Catherine, au regard de sa compétence et de sa sensibilité, a établi une relation de cause à effet entre le traumatisme infantile, subi par Vincent, et son opposition apparente aux soins intimes. Pour ma part cette hypothèse m'a semblé plausible eu égard à ce que l'on appelle la "mémoire du corps". Celle-ci n'a pas besoin d'en appeler à la conscience pour se manifester. » Rachel Lambert, dans son livre[11], confirme ce que l'équipe constate jour après jour : « Parfois, il émet des grognements, il s'oppose à la toilette, il serre les jambes. Il est encore plus réfractaire quand c'est un homme. »

Après son ministère dans les Yvelines jusqu'en 2002, l'abbé Peignot est affecté à la chapelle Saint-Martial à Ruffec-le-Château dans l'Indre. Il y reste quelques années. Je retrouve sa trace en 2010, à la chapelle Saint-Loup en Corrèze. Sur le

---

10 *Ma vérité sur l'affaire Vincent Lambert*, Éric Kariger, Bayard, 2015.

11 *Vincent, parce que je l'aime, je veux le laisser partir*, Rachel Lambert, J'ai lu, 2016.

site « La Porte Latine de la FSSPX », dans une longue liste de chapelets offerts, on peut lire : « 23/03/10 : Pour la chapelle St Loup, je vous offre 4 000 chapelets, à l'occasion de la croisade. FSSPX – Abbé Philippe PEIGNOT. » Pourtant, à l'automne 2009, l'abbé Pfluger, qui suit ce dossier, assure à Simon en gage de sérieux que « Peignot a été interdit de desservir cette chapelle depuis Ruffec parce qu'il y était seul et qu'on voulait éviter qu'il soit isolé avec un jeune servant de messe, par exemple dans la sacristie. » « S'y est-il passé des choses, je n'en sais rien, explique Simon. En tous les cas, Pfluger ne me l'aurait pas dit… Je sais que Peignot a fait des pieds et des mains pour qu'on ne lui retire pas cette charge. »

Dans une enquête datée de mai 2016, trois journalistes de *Mediapart* révèlent quelques jours avant sa publication le contenu du *Livre noir de la FSSPX* , et interpellent les autorités de la Fraternité sur ces largesses accordées à l'abbé Peignot. Après un dépôt de plainte de Simon à la Congrégation pour la doctrine de la foi fin 2009, « s'ensuit un procès canonique en 2010 où l'abbé Peignot est condamné en première instance par Mgr Fellay, juge et partie dans cette affaire, qui l'avait pourtant couvert pendant des années. Mais après l'appel, aucune punition ne sera prononcée contre l'abbé », écrivent les journalistes.

Malgré plusieurs sollicitations, je ne parviens pas à établir un contact avec la direction de la Fraternité sur cette affaire. En revanche, je finis par joindre au téléphone Alain-Marc Nély, ex-second assistant général de la Fraternité Saint-Pie X, devenu simple prieur à Sierre, en Suisse. Lui en particulier, car il fut enseignant dans l'internat Saint-Joseph des Carmes lorsque Vincent y était élève. Je l'appelle donc pour l'interroger sur la personnalité de Vincent, puis j'évoque l'affaire Peignot, dont il n'a eu connaissance qu'après le départ de Vincent de l'internat. Je lui demande si cet abus survenu en 1986 pourrait expliquer le comportement de Vincent : « Comme on ne le savait pas, on ne pouvait pas imaginer une chose pareille. Donc effectivement, ça pouvait expliquer. On a eu un autre cas dans l'école et je me souviens de ce garçon qui était assez troublé et dont on ne trouvait pas la cause. » « Mais Philippe Peignot n'a pas été inquiété », lui rétorqué-je. « Il a été inquiété dès qu'on a su qu'il y avait des présomptions contre lui et après on l'a sanctionné. Son affaire a été portée à Rome et il a quitté la Fraternité de lui-même, vu qu'il n'acceptait pas les sanctions. Il est parti pour continuer un ministère parallèle. Mais il a été sanctionné, oui… » « Mais tardivement », j'insiste. « Tardivement… Nous à l'époque on ne savait pas les procédures à suivre pour ce genre de choses… et c'est vrai qu'on a peut-être fait des erreurs de calcul… Mais il avait quand même été mis à l'écart avec des restrictions sur l'exercice de son sacerdoce. » Je lui dis que Philippe Peignot a continué à sévir au sein de la Fraternité sur d'autres enfants après Vincent… « Oui il y a eu d'autres erreurs… Je pense qu'on en parle assez dans un site que vous connaissez certainement sans qu'on rentre dans les détails. » En réalité, le procès canonique de Peignot a eu lieu grâce à Simon, une des victimes, qui a envoyé de lui-même un dossier avec sa plainte à Rome.

J'entre ensuite en contact avec l'abbé Paul Aulagnier, ancien de la Fraternité Saint-Pie X, en charge des retraites spirituelles de l'Institut du Bon-Pasteur, reconnu par Rome. Il m'accorde un entretien téléphonique. Avant de parler des abus, je l'interroge sur la famille Lambert : « Je n'ai pas de souvenance de la famille lorsque j'ai acheté la propriété de l'école Saint-Michel à Châteauroux pour la Fraternité. » Puis je lui explique l'affaire Lambert dont il connaît les ressorts : « Ah oui maintenant que vous me dites cela, je vois qui est Viviane Lambert, elle a été exemplaire, avec une grande discrétion cependant, elle n'a pas voulu laisser tomber l'affaire et s'est battue contre l'assassinat de son fils. » Je l'interroge ensuite pour savoir ce que lui-même et la Fraternité ont fait lorsque Viviane Lambert a dénoncé les abus de l'abbé Peignot : « Ah, vous connaissez son nom... Vous êtes au courant de beaucoup de choses. Non, non... C'était exceptionnel », me répond-il embarrassé. J'insiste : « Mais Peignot est resté à Saint-Pie X très longtemps... Viviane Lambert et Simon vous ont alerté plusieurs fois sur son cas. Qu'avez-vous fait ? » « Non, non, il n'y a pas eu de débordements, tranche-t-il. C'était rapide. Je préfère me mettre dans la réserve, madame. » Fin de la conversation. La Fraternité était bien au courant des dangers qui pesaient sur les enfants encadrés par Peignot depuis 1986, alertés de nouveau en 1991 et 2009.

Dans un reportage (*The Golden Prison*, 2017), le journaliste suédois Ali Fegan marche sur les traces de l'abbé Peignot et parvient à le retrouver dans une chapelle privée à Espiet, un village près de Libourne (Gironde), entouré d'enfants de chœur d'à peine six ou sept ans, le 20 novembre 2016. La rencontre se passe mal puisque l'abbé Peignot repousse physiquement l'équipe de journalistes et les enjoint de quitter les lieux, menaçant d'appeler les gendarmes. On y apprend aussi que la Fraternité a interdit à l'abbé Peignot en 2014 d'exercer tout ministère auprès de mineurs. C'est à ce moment-là que Peignot décide de rejoindre le mouvement La Résistance, cofondé en 2012 par Mgr Williamson. Ce dernier s'était confié en 2009 au même journaliste suédois, en niant l'extermination des juifs dans les chambres à gaz.

Très tardivement, alors que j'étais sur le point de finaliser le livre courant décembre 2019, et après moult sollicitations, l'abbé Thouvenot, secrétaire général de la Fraternité Saint-Pie X, finit par répondre par mail à mes dix questions. Lorsque je lui demande comment Philippe Peignot est arrivé chez eux et s'ils étaient au courant des faits de pédocriminalité survenus au village d'enfants de Riaumont, il m'assure que la Fraternité n'en savait rien et couvre Riaumont : « Vous nous les apprenez et nous avons peine à croire que ce puisse être le motif de son départ de Riaumont. Si la chose avait été connue, JAMAIS son supérieur à Riaumont ne l'aurait recommandé pour son entrée au séminaire, et il n'aurait bien évidemment jamais été accepté. » Je m'étonne ensuite qu'après l'agression commise sur Vincent Lambert, Peignot ait continué à exercer des ministères. L'abbé Thouvenot joue la carte de la naïveté : « L'abbé Peignot est démis de ses fonctions, muté et envoyé en pénitence en 1987. À cette époque, quand un pédo-agresseur se repentait, on croyait à sa capacité de changement. » Pour les agressions commises sur Simon, il m'assure que « les mots employés par la victime étaient allusifs et ce n'est que plus tard que Simon a pu décrire plus précisément en quoi consistaient les "touches impures". Les autorités n'ont pas pu prendre la mesure de la gravité des faits. Les sanctions envisagées ont été rapportées et transformées en un sévère avertissement. L'abbé a donc été rappelé à l'ordre et de plus en plus encadré. » Pendant vingt-huit ans pourtant, le refus de Peignot de quitter ses fonctions aura prévalu. Le secrétaire général l'admet par cette phrase : « L'abbé Peignot nous a quittés quand il a constaté que toutes les voies de recours étaient épuisées. » Avant d'assurer qu'« aujourd'hui les choses se passent différemment ; la loi ecclésiastique et les lois civiles ont évolué. Il y a vingt ans, nous cherchions des directives et des consignes pour traiter au mieux ces cas qui étaient peu connus et mal appréhendés. »

Je termine en l'interpellant sur l'existence d'une Commission indépendante sur les abus sexuels dans l'Église (Ciase). En lui signalant que plusieurs témoignages lui ont été adressés concernant des violences sexuelles commises au sein de la FSSPX. « Nous l'ignorons… », me répond-il. À ma question sur cette démarche de l'Église pour la reconnaissance et l'écoute des victimes, et la possibilité d'en faire de même à la FSSPX, il répond : « Nous faisons partie de l'Église et suivons les directives de la Conférence des évêques. Par ailleurs nous avons déjà développé une politique en matière de formation, de prévention et de sanction, depuis une quinzaine d'années. À notre échelle, nous ne rencontrons que de rares cas – certes toujours trop nombreux – que nous nous efforçons de traiter avec diligence en interne et en faisant un signalement aux autorités laïques. »

L'abbé Peignot, prédateur sexuel, a toujours réussi à se prémunir et à trouver des soutiens, notamment dans la frange la plus extrême de la Fraternité, celle qui refuse tout arrangement avec le Vatican pour réintégrer l'Église romaine. Les agressions perpétrées sur des mineurs, tout au long de son sacerdoce, ont été couvertes. J'en tiens pour preuve un détail, pas des moindres, que me révèle Frédéric Philippon, demi-frère de

Vincent, sur le pas de sa porte, alors que je m'apprête à le quitter : « C'était en 1988, j'étais alors moine au Barroux. L'abbé Peignot était venu célébrer une messe. Il se trouve que je l'assistais lors de cette messe. Il m'a alors glissé à l'oreille : "On va prier pour Vincent." » À peine croyable : c'était deux ans après que Peignot eut agressé sexuellement Vincent Lambert.

Où se trouve l'abbé Peignot aujourd'hui ? Est-il toujours à Espiet ? De fil en aiguille, j'atterris sur le site Internet italien Una Vox, qui détaille la liste des adeptes de ce réseau intitulé « *Consistenza e distribuzione della Resistenza Cattolica nel mondo* », dont la dernière mise à jour date du 9 juin 2019. On compte quatre évêques et cent cinq prêtres provenant des instituts amis de la Fraternité ou des diocèses. Je fais défiler des noms avec des photomatons. Après des abbés américains, brésiliens, irlandais, italiens, colombiens, je vois la photo et le nom de Philippe Peignot, présenté comme ceci : « Don Philippe Peignot a quitté la Fraternité Saint-Pie X en 2014 et est un prêtre ami de l'USML. Il exerce son ministère en France. » L'Union sacerdotale Marcel Lefebvre (USML) est un mouvement farouchement opposé à tout rapprochement avec le Vatican. Peignot est donc toujours dans ce circuit, protégé par Mgr Williamson. Par une autre source, j'obtiens confirmation qu'il est toujours en exercice à la chapelle privée Sainte-Cécile à Espiet, en Gironde.

En novembre 2019, je sollicite Philippe Peignot par mail pour obtenir un entretien téléphonique et pouvoir lui expliquer les raisons de mon appel. Comme s'il les connaissait déjà, il me répond quelques minutes plus tard : « Non je suis désolé. Je n'ai rien à dire. »

Pour Simon, cette protection perpétuelle dont bénéficie Peignot ne passe pas. Après une première plainte classée sans suite, il dépose plainte contre Peignot, fin 2016, à La Roche-sur-Yon pour tentative de viol et agressions sexuelles sur mineur de moins de quinze ans. Son dossier est accepté et l'enquête judiciaire relancée. Simon souhaite par cette démarche, me dit-il, briser le silence et rendre justice à Vincent Lambert et à tous ceux qui n'ont pas osé parler ou pour lesquels les faits sont prescrits.

Début décembre 2019, Simon et son avocat rencontrent la juge d'instruction. Comme un coup de massue, elle leur annonce le classement de la plainte. La tentative de viol n'a pas été retenue. Les agressions sexuelles subies par Simon sont insuffisantes et prescrites aux yeux de la justice. Non seulement Philippe Peignot n'a jamais été inculpé mais surtout il n'est plus inquiété. « Rien ne l'empêche de continuer à agresser des enfants dans sa chapelle », me glisse Simon avec amertume. Reste un espoir : que d'autres victimes de ce prêtre pédophile aient le courage de se faire connaître et de porter plainte. Alors, peut-être, une nouvelle instruction pourrait voir le jour.

8. Vincent

La photo m'a été confiée par Frédéric. Le poupon est entouré de ses trois frères et de sa mère Viviane. C'est Frédéric, l'air fier, qui le tient dans ses bras. C'est sans doute Jackie, le père, qui a pris la photo à la sortie de la maternité. Vincent est né Philippon. Puis change de nom à partir de six ans et devient Vincent Lambert. Sur sa tombe, une plaque énigmatique résume ce que fut la première blessure de Vincent : « À jamais ton papa de cœur ». C'est Jackie Philippon, ce premier père, qui a fait graver cette phrase avec un bouquet de roses dorées sculptées. L'enfant timide et silencieux a longtemps enfoui cette blessure. Pourquoi l'a-t-on éloigné de son « papa de cœur », pourquoi lui avoir interdit d'aller passer des vacances chez lui ? Lorsque Viviane épouse Pierre Lambert, elle épouse aussi un nouveau statut social, passant d'une vie ouvrière à une vie de notable. Il fallait sans doute rompre toute passerelle entre ces deux mondes. Mais, du haut de ses six ans, Vincent ignore ces catégories. Il aime son père, voilà tout. Ces deux-là ont été séparés et il a fallu composer avec ce grand vide. Viviane Lambert a une tout autre version de la naissance de Vincent. Lors du mariage de Vincent avec Rachel, le 14 avril 2007, elle s'adresse ainsi à son fils avec de nombreux sous-entendus : « Aîné de la deuxième fratrie mais non considéré comme demi-part, je profite de cette heureuse journée familiale pour remercier tous les frères et sœurs de leur affection attentive dans cette situation. [...] Tu as eu le privilège d'être un enfant désiré, un enfant de l'amour. De nature très sensible, tu t'es toujours comporté en frère protecteur. [...] À l'improviste, tu repassais mon linge, ce qui était une bonne surprise. [...] Les différences de générations n'ont pas toujours été faciles à gérer mais les difficultés ont toujours été résolues avec amour, même si l'on ne s'en rendait pas toujours compte. Nous laissons le flambeau à Rachel qui est la bienvenue dans notre famille. Certes la vie n'est pas un long fleuve tranquille mais nous souhaitons à tous les deux beaucoup de bonheur et sachez que nous partagerons toujours vos joies comme vos peines. Comme on dit dans le Midi, que Dieu vous garde. » Pas sûr que Vincent ait adhéré à cette vision de son histoire mais, en ce temps-là, le puzzle familial n'avait pas encore volé en éclats. Depuis longtemps pourtant, Vincent lançait des signaux d'alerte avec ses comportements extrêmes, ses prises de risque, son amour du danger. Sous des apparences calmes, Vincent bouillonnait comme un volcan en sommeil à la veille de son éruption. Qu'aimait-il ? Que cherchait-il ? Que rejetait-il ? Qu'espérait-il ?

Au cours d'un échange avec sa demi-sœur, Marie-Geneviève Lambert, je découvre une curieuse filiation du côté paternel. Pierre Lambert était aux antipodes de son père Henri

Lambert. Âgé de vingt-huit ans, Vincent manifeste grand intérêt pour le parcours de cet homme. « Il est le seul à avoir demandé à Sylve, le demi-frère de papa, des informations sur notre grand-père », me dit Marie-Geneviève en me confiant le dossier biographique d'Henri Lambert. Puis, férue d'archives, elle me confie une lettre écrite de la main de Vincent. Dans une missive datée du 23 décembre 2004, Vincent écrit soigneusement et très poliment à Sylve Lambert en lettres cursives : « Cher Sylve, j'ai réussi à contacter celui qui a fait sa biographie pour lui demander le pourquoi de l'intérêt d'Henri Lambert. Il m'a simplement répondu que sa vie fut intrigante sur plusieurs points. Je te remercie encore de m'avoir envoyé ces documents. Je te souhaite de bonnes fêtes de fin d'année, que tout ce que tu désires se réalise. En attendant de se revoir, je t'embrasse et à plus. Vincent. »

Lorsque je consulte à mon tour ce dossier, tout s'éclaire. Henri Lambert est un anarchiste antimilitariste révolté, à la fois architecte, peintre et écrivain. Vincent devait s'identifier à cet électron libre, se sentant en phase avec ce grand-père hors norme qui aurait certainement porté un regard moqueur sur les choix de vie de son fils Pierre Lambert, devenu fervent catholique militant. Je tombe d'abord sur une série de coupures de journaux, où des nécrologies racontent sa mort tragique dans un incendie à son domicile de Cagnes-sur-Mer, le 17 décembre 1958, à cause d'une bougie : « Ce fait divers qui pourrait être banal prend un aspect tout différent si l'on considère l'extraordinaire et exceptionnelle personnalité du disparu, écrit le journaliste. Henri Lambert, père de sept enfants, qui occupent aujourd'hui de hautes situations – un de ses fils est médecin à Bordeaux – était en effet un personnage hors série. [...] Tour à tour et avec succès, il acquit connaissances et diplômes d'architecte, d'archéologue, d'agronome, d'astronome, d'artisan potier et céramiste, de sculpteur, de géologue, de géomètre et j'en passe. Venu se retirer à Cagnes, il y a une vingtaine d'années, M. Lambert s'installa dans un logement de deux pièces en bordure d'une petite rivière, le Malvan, qu'il avait surnommée son "Rubicon". Dans la quiétude de cette retraite, il se mit à travailler : il réunit ainsi des centaines de livres très rares et traitant de sujets très divers, depuis la philosophie à "l'art d'aimer", en passant par les théories d'Einstein et celles d'Épicure. » Nous voilà aux antipodes des militants anti-avortement et des écoles de la Fraternité Saint-Pie X.

L'art d'aimer... C'est peut-être ce qui a manqué dans une famille recomposée aux carcans rigoristes et bourgeois. Vincent vit sur la crête. Tout chez lui flirte avec les marges. Il observe et raille les conventions. Mais tout de même, il ne va pas, comme le vieil Henri, jusqu'à vivre seul dans un deux-pièces, sans le sou. Vincent se plie aux cérémonies et aux réunions de famille telles que sa mère en fixe les règles dans la maison secondaire provençale de Mollans-sur-Ouvèze. Avec le port du costume et de la cravate obligatoires, en plein été. Mais les apparences se craquellent toujours un peu. Comme en ce mois de juillet 2005, où l'on fête les soixante ans de Viviane en famille. Fortement alcoolisé, Vincent pousse son frère tout habillé dans la piscine. Joseph se souvient très bien de cet épisode devenu mythique, dont il ne garde pas un si mauvais souvenir : « Chapeautée par Fredo, qui était encore le très cher frère Colomban chéri par ma mère, la "fête" commença au sein de l'abbaye Sainte-Madeleine du Barroux. Il me semble qu'on était réunis dans une vaste salle d'accueil des groupes, pas très loin du magasin qui marque l'entrée du parking de l'abbatiale. On devait être une bonne vingtaine d'invités, les membres de la famille étant les plus nombreux. On s'était restaurés tous ensemble, de manière assez détendue avant le grand discours qui devait sanctionner la fin de cette première séquence. Une belle déclaration d'amour filial, portée en notre nom à tous par frère Colomban, fit pleurer ma mère. C'était un discours hagiographique complètement surréaliste où elle passait encore une fois pour ce qu'elle n'est pas : une mère aimante et dévouée pour ses enfants. Ça nous avait bien fait marrer Vincent et moi. Vincent s'était d'ailleurs bien moqué d'elle et de la situation grotesque à laquelle nous participions tous. Cette après-midi s'est donc poursuivie par un repas au restaurant, bien arrosé et plutôt festif. Vincent a beaucoup bu. Moi aussi, mais moins que lui. Après le moment des cadeaux au restaurant et de retour dans la maison parentale de Mollans-sur-Ouvèze, tout le monde a continué à boire et nous en particulier. Vincent recevait des appels de Rachel qui avait l'air de bien lui prendre la tête mais pas au point de la quitter, comme l'a affirmé plusieurs fois ma mère médiatiquement ou judiciairement, je ne me rappelle plus… La soirée se finissant, Vincent complètement saoul et moi pas loin de l'être aussi, il m'a bâillonné de ses bras et jeté dans la piscine. Je m'en souviens très bien puisque j'ai été assez énervé de voir mon téléphone portable tout neuf prendre la flotte ! Bourré, il avait promis de m'en racheter un et comme toujours il n'a rien tenu de ses promesses… grand classique chez lui dans notre relation. Je crois que ce moment-là a vraiment mis fin à la soirée. »

Pour comprendre qui est cet homme meurtri, je rembobine le fil de sa vie. Je me tourne vers ceux qui l'ont côtoyé, qui l'ont éduqué et vu grandir. Ses parents d'abord. Je retrouve un extrait d'un portrait dressé par Viviane et Pierre Lambert, datant du 23 février 2015 et publié sur le site « Je soutiens Vincent » où ils décrivent leur fils comme « un enfant joyeux, vif et d'une sensibilité bien marquée. Nous habitions au fin fond de la campagne et pour limiter les va-et-vient de transport vers l'école, nous avions décidé de lui faire nous-mêmes le CP. Vincent était réceptif. Sa scolarité se déroule ensuite normalement. Il se passionne pour le chant et participe avec passion à une chorale. » À toutes les vacances, Vincent va chez les scouts dans des camps organisés par le monastère du Barroux, que Viviane fréquente très souvent puisque son fils y est moine. Je parviens après moult recherches à trouver d'anciens moines qui animaient les camps scouts. Le révérend père L., à la retraite, accepte de me parler, sous le sceau de l'anonymat. À soixante-quinze ans, il vit aujourd'hui dans une maison contemplative de Saint-Pie X. De sa voix chevrotante, il trace un portrait précis de Vincent enfant dont il avait la charge en tant que louveteau, pendant que Viviane pratiquait sa dévotion au monastère : « Il était petit et frêle. Il faisait tout son possible pour trouver sa place. Il était courageux mais aussi très attaché à sa famille, détaille-t-il. Quand par la suite, il est parti plus loin pour faire des camps dans d'autres régions, il avait la nostalgie de ses parents. »

Par l'un des frères de Vincent, je parviens ensuite à retrouver le contact d'une ancienne cheftaine des louveteaux qui s'est occupée de Vincent à cette même période. À l'époque, Agnès a vingt-cinq ans. Élevée à Toulouse dans une famille engagée dans la Fraternité Saint-Pie X, elle est la référente de Vincent pour les petites et les grandes vacances pendant l'année scolaire 1985-1986. « Quand je l'ai connu, mon Vincent n'était pas un enfant joyeux ni expansif. Mais après un ou deux jours de camp il devenait plus gai, bien que ses sourires soient rares, précise Agnès. Je me souviens d'un soir avant la prière, nous étions au coin du feu, et Vincent m'a dit en me regardant droit dans les yeux : "Moi, je ne serai jamais un garçon bien." » Plus tard, lorsque Viviane évoque auprès d'Agnès son projet d'envoyer Vincent en internat, la cheftaine émet quelques réserves, vu le jeune âge de ce petit qu'elle qualifie de « triste et secret ». « C'est à partir de ce moment-là qu'elle a pris des distances avec moi. Vous savez, me dit-elle, moi qui ai grandi dans ce milieu, j'ai appris à regarder tout cela avec du recul. Ce n'est pas du tout le cas des convertis comme Viviane Lambert. Ceux qui choisissent d'adhérer tardivement à une religion deviennent bien plus intransigeants. Je pense que la personnalité de Vincent a été étouffée par ces principes rigoureux. »

Vincent traîne aussi une blessure, celle d'avoir été brutalement éloigné de son premier père, Jackie. Et c'est Frédéric qui tient à me raconter en détail une rencontre fugace entre Vincent et son père, dont il fut témoin au Barroux, qui en dit long sur la douleur de cette séparation. Début août 1985, Jackie vient avec sa femme Bernadette au monastère pour rendre visite à Frédéric. Or, Vincent se trouve là pour un week-end de louveteaux. « Alors que nous discutions avec mon père sur un banc, nous avons vu Vincent se diriger vers nous en baissant la tête. "Même si on nous a défendu de nous voir, moi je veux le voir", me dit mon père. Il est allé vers lui. Vincent lui tenait la main. Ils ont échangé quelques instants puis mon père est parti manger au réfectoire des moines. Vincent est resté pour discuter avec Bernadette. Vincent lui posait beaucoup de questions sur mon père : "Est-ce qu'il fume toujours ? Est-ce qu'il a gardé la même voiture orange ? Il a la même coiffure"... Puis Vincent lui a demandé : "Pourquoi David va en vacances chez vous et pas moi, est-ce que je peux y aller aussi ?" Bernadette a répondu : "On serait enchantés que tu viennes mais il faut demander à ta maman et ton papa." Vincent a soupiré en disant : "Je ne sais pas quand je reverrai Jackie", puis il s'est mis à pleurer et a embrassé Bernadette. » Jackie reverra Vincent en 1990 à l'occasion des vœux solennels de Frédéric au monastère, mais sans pouvoir lui parler puisque Viviane l'écarte aussitôt de la salle où se déroule la cérémonie. Ils se reverront une dernière fois en 1997, sans pouvoir se parler, aux obsèques de la grand-mère Marcelle Philippon.

À peine âgé de onze ans, Vincent est inscrit par sa mère à l'école Saint-Joseph-des-Carmes, près de Carcassonne. Je lance alors mes recherches du côté des encadrants de cet internat, où Vincent a passé quelques années, quasi à plein temps, se recréant une sorte de deuxième famille. Joseph, le plus jeune frère de Vincent, me glisse le nom du directeur de l'école, l'abbé Vannier. « Vincent était très attaché à lui. Il en parlait comme d'une figure paternelle et protectrice. » De fil en aiguille, je retrouve la trace de cet abbé devenu prêtre du diocèse de Coutances (Normandie) dans l'Église romaine et apostolique. Je m'aperçois alors qu'il a quitté la Fraternité Saint-Pie X dans les années 2000. Surpris par mon appel et par l'effet qu'il avait produit sur Vincent, il accepte volontiers de se remémorer l'époque de Saint-Joseph. « C'est un enfant qui ne posait aucun problème, dont les deux caractéristiques essentielles étaient la fragilité et paradoxalement la rébellion, pouvant parfois devenir violent. Son niveau scolaire n'était pas très bon mais c'est sa fragilité affective, à cause de sa situation familiale et de l'éloignement, qui prenait le dessus sur tout le reste. À l'internat, il était rare que les enfants soient si loin de leurs parents. Ils étaient une poignée à rester le week-end à l'école. » Ses souvenirs du personnage de Viviane Lambert sont précis : « C'était une maman poule. Elle était une femme droite et bonne mais très autoritaire, un peu sèche et exigeante avec nous. Je la sentais dépassée par le comportement de Vincent, très indiscipliné dans le cadre familial. En fait, je crois qu'elle ne savait pas comment faire avec lui. Et son mari, côté éducation, semblait inexistant. Elle a dû se débrouiller seule avec ses enfants. » À plusieurs reprises, tout au long de sa scolarité, Vincent est menacé d'expulsion de l'internat. Mais l'abbé Vannier se refuse à cette option. « Contrairement aux méthodes de la Fraternité, mes principes éducatifs me dictaient de laisser leurs chances à des enfants comme Vincent. J'étais donc contre son renvoi, malgré les pressions que je recevais. »

Pendant les petites vacances, les enfants allaient chez les scouts et là encore, c'est le révérend père L. du Barroux qui s'occupait de lui : « Il était pensionnaire et rentrait peu souvent chez lui, dans l'Est. Je le revois pleurer. Il me connaissait depuis longtemps, donc il se sentait plus libre de montrer ses émotions… Il avait des angoisses. Il me faisait l'effet d'un petit oiseau tombé du nid. Il avait besoin d'être protégé. Il était souvent triste. » Je lui demande si Vincent lui expliquait la cause de ces tristesses : « Oui il m'en parlait. C'était très dur car il se sentait étranger dans sa propre famille. Il voulait plaire à son père et à sa mère. Il n'arrivait pas à trouver l'équilibre. » Je lui parle alors des abus sexuels qu'il a subis enfant par un prêtre de la Fraternité. « Non, je ne savais pas. Il ne m'en a jamais parlé. Il paraissait normal. Il aimait les jeux dans la forêt, les cabanes. C'était un bon garçon. Quand j'ai su qu'il avait eu un accident, j'ai été très touché par ce qui est arrivé par la suite. J'ai beaucoup prié pour lui. J'ai envoyé des messages de soutien à sa mère mais je n'ai jamais eu de réponse. »

Au fil des années, lorsque Vincent devient adolescent, ce qui inquiète davantage l'abbé Vannier, tout jeune directeur de vingt-cinq ans à l'époque, ce sont les fréquentations de Vincent en classe de 4e. Il voit évoluer l'adolescent dans un groupe de six jeunes de quatorze et quinze ans qui se rendent aux scouts à Avignon et Carpentras, parfois encadrés par des pères dans le giron de l'abbaye du Barroux. « Ils partaient en train dans des camps scouts soit pour le week-end soit pour les vacances scolaires, où ils fréquentaient des jeunes des milieux d'extrême droite. Quand ils rentraient, c'était du grand n'importe quoi. Ils jouaient les gros durs. Ils rêvaient tous de devenir militaires, paras, en tenue kaki et des rangers aux pieds. Excusez-moi l'expression, mais ils jouaient les petits fachos en étant incapables de respecter la moindre discipline. Et moi, j'étais opposé à cela. Je voyais bien que ces mauvaises habitudes gâchaient leur potentiel et notamment celui de Vincent. »

L'abbé Alain-Marc Nély, à l'époque préfet de discipline et enseignant de philosophie dans cet internat, est aujourd'hui simple prieur à la Fraternité Saint-Pie X. Il accepte de me parler de la personnalité de Vincent, bien que, me prévient-il d'emblée, il n'ait que peu de choses à en dire : « Je m'en souviens très bien mais il est resté chez nous peu de temps. C'était un garçon très dynamique et un peu agité à l'époque. Il avait du mal à supporter la pension. Il n'a pas fini sa scolarité chez nous. C'était un garçon sympathique mais qui ne nous a pas marqués de manière négative. Le fait d'avoir fait partie de cette chorale n'a pas arrangé les choses. Ils étaient souvent absents, en tournée en France, et c'était l'occasion de dissipations. Vincent en a un peu souffert je crois. »

En effet, la situation se dégrade à l'internat lorsque Vincent passe en classe de seconde. L'abbé Vannier découvre avec les professeurs qu'un groupe d'élèves fait régulièrement le mur. Pendant les cours, ils dorment littéralement. « Ils attendaient 3 heures du matin pour aller dans une ancienne cave à vin et là, ils fumaient et ils buvaient de l'alcool fort, du whisky et du pastis. Vincent faisait partie de ces jeunes. Je n'ai pas eu d'autre choix que de le renvoyer définitivement », se désole l'abbé Vannier. Encore une fois, j'évoque les abus sexuels subis par Vincent. L'abbé Vannier semble ne pas savoir. « Alors là, vous me donnez la solution à "l'énigme Vincent". Je réduisais son comportement à son caractère fragile. Si j'avais su… Cela m'éclaire sur sa relation aux prêtres, mêlée de peur et d'attrait. Moi, il me craignait car j'étais le directeur mais je jouais souvent au foot avec eux. D'ailleurs Vincent était toujours au poste de gardien de but. » Je l'interroge enfin sur des cas de pédophilie qui seraient survenus dans son établissement. « La pédophilie dans l'Église, c'est dramatique. Nous avons eu deux ou trois cas de la sorte à Saint-Joseph des Carmes. La Fraternité Saint-Pie X n'a rien fait. » Englué dans un malaise profond, sans doute accablé, Vincent fait une tentative de suicide à l'internat. Viviane est alertée par la mère d'un ami à qui il se confie.

Viviane Lambert n'a apparemment rien détecté. Dans son livre *Pour la vie de mon fils*, elle justifie ainsi le très long séjour de Vincent à l'internat : « Vincent aimait les autres, il aimait vivre entouré d'amis. Lorsque nous avons fait le choix de l'envoyer en pension, cela a fait partie des éléments qui nous ont décidés. [...] C'est nous qui, au fil des semaines, avons trouvé que c'était bien trop loin ! Mais lorsque nous avons proposé à Vincent de revenir à Reims, il nous a dit qu'il était très heureux en pension. Il faisait partie d'une chorale, aussi : ils sortaient beaucoup. [...] Avec les copains, ils faisaient les quatre cents coups... Il a été renvoyé avec un autre quand ils étaient en seconde. » Pendant cette longue absence, les parents Lambert quittent Rethel et emménagent à Reims, dans un appartement de la rue de Courlancy.

Voilà des mois que je cherche à rencontrer Marie Lambert, une des sœurs de Vincent qui s'est battue avec discrétion et détermination pour le laisser partir. Fin août 2019, un mois après la mort de Vincent, je reçois un SMS : « Bonsoir Ixchel, j'ai peur de regretter de ne pas vous avoir aidée dans votre travail. Si je peux vous être utile, faites-moi signe. Bonne soirée à vous. Marie. » Quelques jours plus tard, je me rends à Reims pour passer quelques heures avec elle. Coupe à la garçonne, visage doux, grands yeux clairs, cette institutrice de maternelle âgée de quarante ans m'accueille à la gare. Pendant toutes les années où Vincent a fait l'objet d'une bataille juridique, elle s'est peu exprimée dans les médias. Ses souvenirs avec ce frère, duquel elle se sentait proche à bien des égards, sont nombreux. Mais de la période de l'internat, ne restent que des anecdotes de ses brefs passages pour le week-end, comme cette fois où Vincent est rentré de l'Aude : « Il avait mué ! Il était devenu un homme sans que l'on s'en rende compte », s'exclame-t-elle. Avec le recul, elle dissèque avec précision le système imposé par sa mère, Viviane Lambert : « Lorsque nous étions jeunes, il y avait beaucoup de contraintes, peu d'écoute et peu de concessions. Ma mère nous a niés dans nos volontés personnelles. Notre mal-être, dont elle n'avait cure, ne l'atteignait pas. Elle était comme un rouleau compresseur. Elle ne nous laissait pas vivre et était presque toujours dans l'affrontement. Avec Vincent, elle a fait ça et elle a continué à le faire quand il a eu son accident, et encore après à partir de la judiciarisation. »

Quand Vincent est renvoyé du lycée de Saint-Joseph des Carmes, Viviane et Pierre l'inscrivent dans un lycée privé à Reims. Il redouble plusieurs fois jusqu'à l'obtention du bac. Chaque été depuis sa majorité, Vincent travaille comme saisonnier, dans la vigne et dans les fruits, pour se faire un peu d'argent et assumer ses futures études. Viviane évoque cette époque dans son livre : « Son rêve était de devenir chirurgien. Son père en avait été très flatté… Vincent avait beaucoup d'ambition, il était très doué en sciences, mais il n'aimait pas assez le travail scolaire. Il a fallu renoncer aux études de médecine. Mais non aux professions médicales, il y tenait. » Vincent rate le concours de l'école d'infirmier à Reims mais il est admis à Laon, à une centaine de kilomètres.

En 1996, il prend le chemin des amphithéâtres et des stages en hôpital à l'école d'infirmiers de Laon. Dès le premier jour, Vincent Caruel, également étudiant de cette promo, se rapproche de lui. Il faut dire qu'il n'y avait que neuf garçons pour soixante et une filles. Ils deviennent les meilleurs amis du monde. Je rencontre Vincent à Charleville-Mézières entre deux rendez-vous chez des patients. En 2014, cet infirmier libéral à la carrure de rugbyman décide de monter un collectif de soutien à Rachel Lambert, le collectif Cinquante-cinq (LV en chiffres romains, initiales de Vincent Lambert), qui regroupe une cinquantaine d'anciens infirmiers des promotions 1996-99 et 1997-2000 ayant connu Vincent Lambert durant ses études à Laon. Il recueille treize témoignages parmi ses amis de l'époque, qui relatent ses propos exprimés à l'occasion de stages sur la fin de vie, les soins palliatifs ou le grand handicap, où il affirme clairement que, si cela devait lui arriver, il préférerait partir.

À la table d'un restaurant du centre-ville, l'infirmier se remémore avec plaisir les moments passés avec son ami : « Vincent avait une présentation impeccable, se souvient-il. Toujours très bien rasé et bien habillé. C'était un beau garçon souriant. Dans les soirées, il poussait aux extrêmes, comme s'il y avait urgence à profiter de la vie, comme s'il devait se rattraper… » Les deux étudiants sont internes, voisins d'étage. Ils écoutent Pink Floyd et The Cure, l'album *Pornography* que Vincent Caruel lui fait découvrir. « Il a adoré. » Vincent Lambert sort très éméché des soirées, au point qu'une fois, il a fallu appeler le Samu. « Le mélange d'alcool et de musique lui permettait de s'évader. C'était un jeune quoi… Mais il avait une certaine maturité, très attaché aux grandes valeurs humaines. Je me souviens d'un stage qu'il avait fait en maison de retraite. Il avait dénoncé en classe les mauvais traitements, des lavages nus à la chaîne. Il avait été choqué en tant que futur professionnel. » Six mois après le début de ses études, il écrit une lettre à sa demi-sœur Marie-Geneviève qui fait aussi des études d'infirmière, et lui narre son quotidien. Marie-Geneviève me la confie : « Chère Marie-Geneviève, j'espère que tes études d'infirmière se déroulent bien et que le métier d'infirmière te plaira. C'est une coïncidence que nous fassions les mêmes études et j'espère que nous aurons bientôt l'occasion d'en parler ensemble. [...] En ce qui me concerne, les cours sont très bien (même si c'est très intense) ainsi que nos intervenants. Mon premier stage s'est bien déroulé (j'ai eu 18/20 avec une superbe appréciation), à ma grande surprise car je l'appréhendais. J'étais en chirurgie (viscérale, orthopédique, générale et ORL) à Château-Thierry et j'étais très bien encadré (c'est important pour les élèves). Mes autres stages seront en santé publique, médecine puis gériatrie et enfin en psychiatrie que j'attends avec impatience. » Pendant les cours, Vincent participe, pose des questions, et argumente lorsqu'il n'est pas d'accord. Définitivement, il est attiré par la psychiatrie. « En psychiatrie, témoigne son ami de promo, on comprend vite qu'aucun enfant ne naît malade mais le devient à cause de son environnement familial. Vincent avait une grande qualité d'écoute. »

Pendant la troisième année, Vincent Lambert se casse le bras et décale sa sortie de l'école de quelques mois. Il décroche son diplôme en 2000. Il a alors vingt-quatre ans, et commence à travailler dans plusieurs hôpitaux, fait des gardes. Jusqu'à son arrivée à l'hôpital Mont-Saint-Martin de Longwy, où il intègre le service de psychiatrie. C'est ici qu'il fait la connaissance de sa future épouse Rachel Phélix, étudiante infirmière de vingt et un ans, originaire de Longwy et élevée dans une famille catholique. Je sollicite Rachel Lambert à plusieurs reprises et, comme Viviane Lambert, elle refuse de m'accorder un entretien, me faisant savoir par son avocate, Maître Sara Nourdin, qu'elle n'est pas favorable à la publication de mon livre. Je me rabats alors sur le sien où elle raconte d'abord sa perception de Vincent Lambert, infirmier : « À l'hôpital, je l'admire, c'est un très bon infirmier, respecté de tous ; quand Vincent entre dans une salle, tout le monde le regarde, il en impose. J'entends les autres vanter l'efficacité de ses synthèses. Dans ce service de psychiatrie, il garde un sang-froid à toute épreuve, il gère les situations de crise, maintient la distance nécessaire avec les patients. »

Mais la toute première fois que j'entends parler de Vincent autrement que par l'affaire, c'est par François Lambert, son neveu, fils de Marie-Geneviève. François, le neveu de Vincent, n'a que cinq ans d'écart avec lui. Ils ont donc grandi et joué ensemble. Le 8 mai 2018, je lui propose de m'accompagner sur les pas de la famille dans l'Est. Il accepte volontiers. D'autant qu'il termine son stage d'avocat dans un cabinet rémois. François n'a pas de tabou. Il cherche à parler vrai, presque cru, comme pour contrer l'image policée que propulse Viviane Lambert dans les médias. Proche de Vincent, même regard noir et désabusé sur le monde, François raconte la personnalité de cet oncle à la fois distant des options religieuses de ses parents mais n'ayant jamais osé couper les liens de famille. Nous roulons vers Châlons-en-Champagne, là où Vincent a exercé comme infirmier psychiatrique à l'hôpital. Sur la route, nous bifurquons sur la D944, vers Vadenay, deux cent cinquante habitants. Le village choisi par Vincent et Rachel Lambert pour former une famille. Le bourg est minuscule, plutôt banal et simple comme la vie à laquelle aspirait le jeune couple. Je repense à la description que Rachel donne dans son livre de leur petit « nid » : « Nous louons une petite maison à la campagne avec une piscine gonflable dans le jardin. Nous vivons un peu retirés, loin de l'agitation. Nous aimons bien manger, profiter, regarder des films à la télé. "Tu te rends compte, on fait déjà vieux couple. On est si casaniers..." »

Deux maisons au crépi blanc cassé, datant des années 2000, sont accolées comme des cubes. Au numéro 49, le cube possède un renfoncement qui fait office de sas d'entrée. Sur le côté, un jardinet. Devant les deux maisons, sur le poteau indiquant le nom de la rue, un petit panneau annonce « maison à louer, 3 chambres, jardin, cuisine équipée ». Adossé au petit grillage vert, François me raconte le tournage d'un petit film dans le jardin, du temps où il faisait des études de cinéma. L'autre souvenir, c'est celui du mariage, organisé dans la salle des fêtes du village. Le joli faire-part avec la photo des mariés accroupis devant un bois, elle en robe blanche, voile sur la tête et longue traîne, tenant un bouquet à la main, lui costume noir et chemise blanche, remonte à la surface des nombreux documents que j'ai vus : « Nous vous remercions de tout cœur d'avoir partagé notre bonheur le 14 avril 2007. Rachel & Vincent. » Mais tout le monde n'a pas été convié. Renée, la première épouse de Pierre Lambert, est absente. Vincent prend soin de lui envoyer une lettre : « Chère Renée, je voulais te faire savoir que je me suis marié le 14 avril 2007 et ce fut une journée inoubliable. Il est bien évident que tu aurais pu être présente mais tu comprends que cela peut être difficile. Ma femme Rachel est infirmière tout comme moi et nous travaillons en psychiatrie à Châlons. En attendant de se revoir, je t'embrasse et à bientôt. » Jackie, le premier mari de Viviane et premier père de Vincent, n'est pas convié non plus. Manifestement encore plus gêné et meurtri par cette absence, Vincent lui envoie aussi un faire-part de son mariage lui exprimant toute sa tristesse de n'avoir pu inviter celui qu'il considère comme son père. Dans cette lettre, il promet à Jackie de venir rapidement lui présenter son épouse Rachel. Un an plus tard, l'accident de Vincent les sépare pour toujours. Mais Jackie, fidèle, se rend à son chevet pour lui témoigner son amour.

Avec François, le neveu, nous remontons dans la voiture. Je lui demande quels étaient les films préférés de Vincent. En regardant la route, François me dit : « Son film préféré ? *Festen* de Thomas Vinterberg. » Il suffit de lire le résumé pour comprendre : pour fêter ses soixante ans, Helge Klingenfelt, un riche notable, a rassemblé ses amis et ses proches. De ses quatre enfants ne manque que Linda, qui s'est suicidée l'année précédente. Le jumeau de Linda, Christian, prononce le discours d'usage. Devant l'assemblée, il révèle que lui et sa sœur, alors qu'ils étaient enfants, ont été régulièrement violés par leur père. Un lourd secret, aussi lourd que celui avec lequel se débat Vincent depuis l'âge de dix ans. Peut-être que Vincent aurait rêvé de dire un jour en public, lors d'une fête de famille, toutes les violences subies au sein de sa famille et au sein de la Fraternité, tous les secrets, tous les non-dits. Au lieu de cela, il noie ses colères dans l'alcool. Son frère Joseph, avec lequel il partageait beaucoup, me dépeint un personnage inquiet et plein de colère : « Lorsqu'on jouait au basket, il montait en pression très vite. Il avait une force nerveuse hors du commun. Je crois que c'est une des raisons qui l'ont fait survivre à son accident. Combien de fois, à l'occasion de sorties nocturnes, il finissait par se faire dégager par le videur, il se bagarrait. Il se mettait dans des situations à risque, avec l'alcool mais aussi des joints et, très rarement, un peu de cocaïne, avec son meilleur pote du lycée de l'époque. »

Face à ses parents en revanche, Vincent jouait le rôle de l'enfant sage et bien éduqué, pas un mot plus haut que l'autre, évitant de fumer devant son père qui considérait la cigarette comme la pire des vulgarités. « Vincent montrait beaucoup de recul. Un jour son père lui a conseillé d'aller voir un psychologue. Il a juste esquissé un sourire, complète François, le neveu. Nous étions aussi sombres l'un que l'autre. On se choquait mutuellement. Moi, je le voyais comme quelqu'un de très fort, le mythe du gars qui ne tombe jamais. J'étais impressionné par sa capacité à plaire, par sa maîtrise, mais je savais qu'il se sentait très mal. Et que ce n'était qu'une façade… Mais, sous les apparences d'un jeune homme bien élevé, il avait aussi des réactions de décompensation et de violence, du genre à se battre dans les bars. En fait, il passait son temps à gérer ces deux facettes. »

Avec son attirance pour ces films qui font éclater l'abcès de la honte et des scandales, Vincent aime aussi toutes les aventures de l'extrême, comme le documentaire *Gasherbrum*, de Werner Herzog, qui filme l'ascension de l'Himalaya par deux alpinistes sans oxygène aux confins de « la zone de la mort ». Il en avait fait cadeau à sa sœur Marie-Geneviève. En repartant du village, nous prenons une route en direction de Châlons, comme Vincent le jour de son accident de voiture. Vincent est parti un midi, après le repas, pour aller travailler. Sa fille avait deux mois. Sur le bord de la route, un bouquet de fleurs attire notre attention. Je fais demi-tour. Il n'est pas pour Vincent mais pour une jeune fille de dix-huit ans.

9. L'accident

Nous sommes lundi 29 septembre 2008. L'infirmier en psychiatrie vient de déjeuner avec sa femme. Leur fille Clémence n'a que deux mois. Il fait une sieste car la journée de garde va se prolonger jusqu'à 21 heures. Après un baiser à sa fille, baptisée quelques jours plus tôt, et un autre à sa femme, le voilà parti en voiture direction l'hôpital de Châlons-en-Champagne. Il parcourt, comme tous les jours, une banale route de campagne bordée de champs. Peu de temps après, les gendarmes sonnent à la porte et annoncent à Rachel Lambert : « Votre mari a eu un accident de la route. Je ne vous cache pas que c'est grave. Le pronostic vital est engagé. » Sa voiture a quitté la ligne droite. Vincent Lambert vient de subir un grave traumatisme crânien, plongé dans un coma végétatif. Le bilan médical met en évidence un hématome sous dural fronto-temporo-pariétal droit avec hémorragie méningée et œdème cérébral. Il devient tétraplégique et entièrement dépendant.

À partir de ce jour-là, la famille fait bloc autour du blessé. Au bout de quelques jours, Vincent parvient à sortir du coma pour atteindre un état de conscience minimale. Mais il enroule ses bras, signe d'une souffrance neurologique intense. Même si la vie d'avant ne reviendra jamais, Rachel et tous les membres de la famille espèrent. Chacun essaie de stimuler Vincent à sa manière. Lui parler, le masser, lui faire écouter Pink Floyd, lui faire sentir de doux parfums. Vincent a la mâchoire bloquée, une trachéotomie lui permet de respirer et on lui pose une sonde d'alimentation. Quatre mois après l'accident, il est transféré du service de réanimation de l'hôpital de Châlons au service neurologie. À six mois, Clémence fait enfin la connaissance de son père paralysé. La famille entame une démarche auprès du centre d'éveil de Berck-sur-Mer, spécialisé dans la rééducation. À cette époque, Rachel dit encore « nous », incluant la famille de Vincent dans les décisions : « Sur place, l'équipe a la réputation d'effectuer un travail remarquable auprès des patients traumatisés crâniens. Nous attendons qu'une place se libère. » C'est finalement le cas et Vincent est transféré pour trois mois et demi à Berck. Bien qu'il ait réussi à lever une jambe, son état ne montre aucune évolution. Le 2 mai 2009, toute la famille fête l'anniversaire du père, Pierre Lambert, à Berck. Puis Vincent est admis à l'hôpital des Capucins à Reims, dans une unité de patients pauci-relationnels, c'est-à-dire ayant un certain degré de conscience. Là, les médecins demandent à Rachel si elle souhaite que Vincent soit réanimé en cas de problème. « Non, on ne le réanime pas », répond-elle, mise brutalement face à une réalité qu'elle avait enfouie jusque-là. « C'est certainement la phrase la plus dure et la plus forte que j'ai prononcée de toute ma vie », confie-t-elle dans son livre. À ce moment-là, Viviane ne s'oppose pas à cette réponse de Rachel. Car tant que la première année n'est pas passée, on peut espérer, affirment les médecins. En 2011, les parents de Vincent conseillent à Rachel de conduire Vincent au « Coma Science Group » à Liège, une unité spécialisée pour les patients qui passent du coma vers un état végétatif. Après plusieurs examens, le professeur Steven Laureys conclut à un état neurovégétatif chronique, pauci-relationnel, « conscience minimale plus », ce qui signifie que Vincent perçoit la douleur. À la fin de l'entretien, le médecin belge évoque une euthanasie. Rachel s'y refuse et Viviane, présente lors de cet entretien, vit cette proposition comme « un coup de poignard ». Il lui prescrit néanmoins des séances de kinésithérapie et quatre-vingt-sept séances d'orthophonie, entre mars et septembre 2012, même si, assure-t-il, « l'état de Vincent est irréversible ». Toutes les tentatives se soldent par un échec. Aucun code de communication ne peut être établi. Le 16 novembre 2011, Vincent est transféré à l'hôpital Sébastopol de Reims, dans une unité de soins palliatifs dirigée par le docteur Éric Kariger, chef du Pôle autonomie et santé depuis 1997.

Alors que la situation médicale de Vincent est dans l'impasse, l'union familiale continue de se fissurer en profondeur. La révélation de son homosexualité par Frédéric à toute sa famille provoque un séisme. Le jeudi 11 août 2011, Frédéric prend la plume et envoie cette lettre à chacun : « Depuis longtemps j'ai eu une attirance pour les garçons mais bien sûr je n'en parlais pas au risque de me faire moquer. Je pensais qu'avec les années cela se tasserait, mais non, il est bien évident pour moi que je suis homosexuel, je ne veux plus me mentir à moi-même. Vous comprendrez que pour moi ce n'est pas facile de vous avouer cela mais je ne peux pas vous le cacher plus longtemps. » Du côté le plus pieux, ça ne passe pas. Anne Lambert, David Philippon, Pierre et Viviane Lambert, tous membres de la Fraternité Saint-Pie X, ne comprennent pas. Viviane répond par un Post-it où elle donne à son fils des coordonnées pour se faire aider, faisant notamment référence à Philippe Ariño, un professeur d'espagnol homosexuel et catholique issu d'une famille fervente, qui a choisi le célibat consacré, comme un don de son homosexualité à Dieu. « C'était très violent. Elle n'a pas pris la peine de m'écrire. Mais nos relations étaient déjà compliquées lorsque j'ai quitté le monastère. Là, je crois que c'était une catastrophe pour elle », analyse Frédéric. Le passage du statut de moine à celui d'un civil qui fait son coming out fige les positions. David et Stéphanie Philippon, membres de la Fraternité Saint-Pie X, lui adressent des réponses virulentes et accusatoires.

Puis un événement, cette fois extérieur à la famille, entérine la formation de deux camps : le mariage pour les couples homosexuels. À la fin de l'année 2012, le nouveau gouvernement socialiste de François Hollande se prononce pour l'ouverture du mariage et de l'adoption aux couples homosexuels. Le 13 janvier 2013, les 500 000 opposants au « mariage pour tous » défilent en masse dans la rue à Paris. Les sphères traditionalistes galvanisent les troupes, organisent la mobilisation même si la masse des manifestants est surtout composée de croyants non intégristes. Le 12 février, le texte est adopté en première lecture à l'Assemblée nationale.

Les anti-mariage pour tous se remobilisent plus nombreux encore le 24 mars (entre 300 000 selon la police et 1,4 million selon les organisateurs), formant l'un des plus importants rassemblements du peuple de droite sur un sujet de société depuis 1984. « Ce mariage pour tous a été un tournant qui a radicalisé cette partie de la famille, m'assure Marie. En discutant avec ma mère dans la maison de vacances, je me suis aperçue que David et Stéphanie se rendaient en car à Paris pour manifester avec leurs neuf enfants. J'ai compris ensuite que c'était aussi le cas de ma mère. Ça prenait un tournant politique où il devenait de plus en plus compliqué de faire cohabiter nos opinions différentes. David et Stéphanie ne faisaient plus semblant. Seule ma mère s'adaptait aux uns et autres pour maintenir un semblant de famille unie. Avec eux, elle priait avant et après manger. Pas avec nous… Mais, tôt ou tard, ça aurait éclaté. »

Pendant que la famille se craquelle à bas bruit, Vincent Lambert, alité, est en état de conscience minimale. Dans le courant de l'année 2012, les infirmières constatent une forme d'opposition physique aux soins de la part de Vincent, comme un réflexe de protection, notamment au moment de la toilette intime. Lors de toute intervention corporelle, il se raidit en pont au point de se décoller du matelas, attitude souvent associée à une crispation du visage. Toute la famille, qu'elle soit dans un camp ou dans un autre, ainsi que les soignants perçoivent, comme il est écrit dans un rapport médical récent, un « corps souffrant non paisible, rétracté, en tension, malgré les massages de kinésithérapie ». En décembre 2012, le Dr Kariger, médecin chrétien anti-euthanasie, homme de droite engagé à l'époque au sein du parti chrétien-démocrate de

Christine Boutin [12], entame en accord avec son équipe une procédure collégiale pour déterminer si Vincent subit une « obstination déraisonnable ».

Ce médecin affronte un tel cas pour la première fois de sa carrière. Ni lui, ni Rachel, ni les parents ne connaissent en détail ce que préconise la loi Leonetti relative aux droits des malades et à la fin de vie. Le texte a pour objet d'éviter les pratiques d'euthanasie et d'empêcher également l'acharnement thérapeutique (qualifié d'« obstination déraisonnable » dans le traitement des malades en fin de vie). Cette loi a été adoptée à la suite d'un autre cas particulier, l'affaire Vincent Humbert : un jeune pompier devenu tétraplégique, muet et aveugle à la suite d'un accident de la route. En septembre 2003, le jeune homme aidé par sa mère est euthanasié. La mère et le médecin réanimateur sont relaxés. À l'automne 2003, Jacques Chirac et le gouvernement Raffarin demandent au député (feu UMP) Jean Leonetti de diriger une mission parlementaire sur l'accompagnement de la fin de vie. Elle ouvre la voie à une loi votée deux ans après, le 22 avril 2005, qui permet au patient de demander, dans un cadre défini, l'arrêt d'un traitement médical trop lourd. Cette volonté peut notamment être exprimée par le biais de directives anticipées ou par le recours à une personne de confiance. Dans le même temps, cette loi propose de développer les soins palliatifs donnés aux patients en fin de vie, afin de prendre en compte leurs souffrances. Elle prévoit

12 Ce parti se revendique du conservatisme social. Christine Boutin s'était opposée à l'établissement du Pacs en 1999. En 2013, le parti a pris position contre le projet de loi visant à ouvrir le mariage et l'adoption aux couples de personnes de même sexe. Jean-Frédéric Poisson a succédé à Christine Boutin. Il se dit plus proche des idées de Marion Maréchal que de la droite française.

aussi des collégiales, procédure pour que l'équipe médicale puisse s'interroger sur une possible « limitation ou arrêt de traitements actifs ».

Dès lors, le Dr Kariger s'appuie sur le contenu de la loi et engage ces procédures. Il tient deux collégiales [13] et des réunions informelles qui permettent de dégager une unanimité des médecins et du personnel infirmier en faveur de l'arrêt des traitements de Vincent. D'autant que Rachel et d'autres membres de la famille affirment que Vincent a exprimé à plusieurs reprises son souhait de ne pas devenir dépendant, ni d'être maintenu en vie dans un état pareil. Depuis quelques mois, Rachel n'adresse presque plus la parole à ses beaux-parents.

Depuis que Kariger s'occupe de Vincent, les rapports avec les parents sont bons. Viviane apprécie ce médecin qui a l'avantage d'être un catholique pratiquant et qu'elle qualifie de « paternaliste », se sentant sous sa protection. Les quelques mois qui précèdent le jour où Vincent est débranché, les parents ne viennent que très rarement lui rendre visite. Chaque fois qu'ils arrivent dans le service, les relations avec l'équipe sont distantes et froides. « Leurs valeurs "intégristes" et leur façon de se comporter ont suscité peu d'empathie chez les soignants.

13 Il y a plusieurs situations où le médecin a le devoir de recourir à une procédure collégiale. La procédure collégiale s'impose toujours lorsque le patient est hors d'état d'exprimer une volonté. Il s'agit d'une procédure consistant à recueillir, avant de prendre une décision médicale importante dans les situations de fin de vie, l'avis motivé d'au moins un autre médecin appelé à titre de consultant ainsi que de l'équipe de soins en charge du patient. Ayant respecté la procédure collégiale, c'est au seul médecin référent du patient qu'il appartient de prendre les décisions médicales. La procédure collégiale intervient également lorsqu'il s'agit de mettre en œuvre une sédation profonde et continue à la demande du patient afin de vérifier que les conditions d'accès à cette sédation sont réunies.

Peut-on leur en vouloir ? », interroge le Dr Kariger dans son livre. Le vendredi 5 avril 2013, il reçoit Viviane Lambert pour lui expliquer la réflexion lancée dans le service mais ne lui dit pas que la décision de cesser les traitements est entérinée. Seule Rachel est au courant. Viviane lui répond : « J'ai bien entendu ce que vous m'avez dit. C'est au-dessus de mes forces et de mes valeurs. Je ne peux pas être d'accord. » Je sollicite le Dr Éric Kariger qui accepte de me donner quelques heures de son temps, un soir, non loin du siège du groupe de maisons de retraite où il exerce comme directeur médical à La Défense. Ce médecin parle encore avec émotion de ces années mouvementées et éprouvantes de sa carrière de chef de service à Reims. Il se souvient du jour de cet entretien. Lorsqu'il se retrouve avec Viviane Lambert dans son bureau, le Dr Kariger l'interpelle : « "Madame Lambert, il va falloir que vous m'expliquiez… Il me semblait que nous avions des valeurs chrétiennes communes sur la famille, sur la vie, que la mort n'était pas forcément un échec pour nous, qu'il y a la résurrection. Alors que vous puissiez tomber amoureuse d'un autre homme que votre mari, cela peut arriver, qu'il y ait une grossesse inattendue dans le calendrier, aussi, mais que vous ayez fait quatre enfants en adultère… Il faut tout de même un peu de cohérence." Je lui ai dit tout cela très calmement. Elle m'a répondu : "Vous n'avez pas le droit de me juger." J'ai clos cet entretien en lui rappelant que je ne la jugeais pas mais que je ne comprenais pas. » Un rendez-vous est pris pour le 15 mai 2013 avec Pierre et Viviane. Le Dr Kariger a bon espoir de les faire changer d'avis. Lorsqu'elle rentre chez sa fille Marie, qui l'héberge encore à ce moment-là, Viviane est furieuse et s'emporte en disant : « Mais qu'est-ce qui m'a pris de faire cet enfant ! »

10. La rupture

Le 10 avril 2013, le Dr Kariger est absent pour cause de congés. Les deux autres médecins en charge du service, les Dr Simon et Dr Oportus décident de cesser l'alimentation de Vincent pour mettre fin à une obstination déraisonnable et faire mourir ce patient en état végétatif. Seule Rachel Lambert est au courant. Elle décrit ce moment dans son livre : « Vincent est presque nu sans les sondes et les appareils servant à l'alimenter. La chambre me semble vide, si vide. Ses traits sont détendus, il est beau. Je retrouve un peu du Vincent d'avant, sans les sourires et sans la voix, mais il a le visage du jeune homme que j'ai rencontré. Ce mercredi 10 avril, le protocole de fin de vie est enclenché. Je trouve Vincent très calme, très apaisé. Je souhaite qu'il soit dans cette quiétude jusqu'à sa délivrance. Une semaine passe, puis deux. Je suis plus que jamais dédiée à l'accompagnement de Vincent. Nous sommes le 25 avril. Personne de la famille Lambert ne s'est manifesté. »

Lorsque le Dr Kariger rentre de vacances, il s'aperçoit que l'équipe a enclenché le processus. A posteriori, ce médecin qui n'avait jamais été confronté à une telle situation reconnaît son erreur : « J'avais trois possibilités. La première c'était de dire : "On rebranche Vincent, car j'ai un engagement moral envers ses parents. Je les vois le 15 mai. Bien sûr, je leur confirmerai notre décision, mais je tiens à les entendre, bien que leur avis nous soit connu d'avance." Deuxième option : appeler les parents, leur présenter mes excuses et leur demander de venir accompagner leur fils. C'est la décision qui m'aurait le mieux convenu mais je ne l'ai pas prise, par manque de courage et de lucidité. Au contraire, je me suis mis la tête dans le sable et le pire est arrivé. »

Le samedi 27 avril, Guy-Noël Philippon, demi-frère, sa femme Nathalie et Marie, sa sœur, se rendent au chevet de Vincent. Guy-Noël et Marie remarquent l'absence de poche d'alimentation. Guy-Noël ne souhaite pas me parler. C'est donc Nathalie, sa femme, qui me raconte : « Nous sommes aussitôt sortis pour demander à une infirmière si cela était normal. L'infirmière comprend qu'on n'est pas au courant. Elle appelle les deux médecins du service qui nous reçoivent et nous expliquent longuement comment et pourquoi la décision a été prise. Je leur demande si Viviane a été prévenue. Je vois que ce n'est pas le cas. Elles semblent sûres de leur décision. Je me souviens très bien leur avoir dit : "Vous ne savez pas à qui vous avez affaire…" » Marie confirme : « On était surpris de cette décision même si nous étions d'accord sur le fond. Maman ne voulait rien entendre. Elle était très énervée. Nous ne voulions pas lui en parler au téléphone, ça ne nous semblait pas correct. » Joseph qui vit à Avignon, près de la maison secondaire de ses parents à Mollans, se charge de leur annoncer la nouvelle. Viviane finit par entendre : Vincent est en train de mourir. Elle explose de colère. Pierre, lui, dit à ce moment-là à ses enfants qu'il se voit mal aller à l'encontre de la décision d'un confrère. Le lundi 29 avril, Joseph, le frère, Marie-Geneviève, la demi-sœur vivant à l'époque en Ardèche, Viviane et Pierre traversent ensemble la France pour retrouver Vincent à Reims. Dans la voiture, Viviane commet un lapsus dont Marie-Geneviève garde un souvenir très précis : à la place de « l'accident de Vincent », Viviane fourche et dit : « l'enterrement de Vincent ». Se prépare-t-elle inconsciemment à laisser partir son fils ?

Dans les premières lignes de son livre, Viviane relate son arrivée dans la chambre de son fils : « Reims, 29 avril 2013. Le plus gros choc de ma vie. Je suis au chevet de mon fils. Mon fils, vous comprenez ? Je le vois mourir sous mes yeux. Vincent n'a rien mangé depuis vingt jours. Il est à peine hydraté. Il est là, devant moi, dans un lit d'hôpital à Reims, amaigri, affaibli, et il va mourir. [...] Au chevet de Vincent qui pleure, je ne peux pas imaginer combien le combat qui s'annonce sera long et difficile. J'ai une certitude, une seule : je devrai tout faire pour qu'il ne parte pas. Pas comme ça. Ce combat, je l'ai accepté, je l'ai voulu, et je le mènerai jusqu'au bout. » A-t-elle réellement, comme elle l'écrit, endossé son armure de combattante à ce moment-là ? Lorsque j'interroge les frères et sœurs, tous me confirment que Viviane accepte, en apparence du moins, la décision médicale. Marie nuance : « Quand ils arrivent du Sud, mes parents essaient de parlementer avec le Dr Kariger pour le faire changer d'avis. Ils essaient pendant plusieurs jours sans y parvenir. » À l'hôpital, Rachel et Viviane échangent deux mots sur l'organisation de l'inhumation de Vincent. Rachel souhaite le voir enterré à Longwy, ce qui déplaît à Viviane. Dans son livre Rachel restitue cet échange :

« Madame Lambert me prend à part, là encore des reproches [...].

– Il faudrait, Rachel, que l'on s'organise pour l'enterrement. Qu'as-tu prévu de faire ?

– Vincent et moi, nous avons toujours souhaité reposer en paix l'un à côté de l'autre. Comme je désire être enterrée près de mes grands-parents dans le nord-est de la France, en Lorraine, il est naturel que Vincent y repose. Et puis, il reposerait là où nous nous sommes connus. Il disait que pour lui le plus important était d'être enterré avec moi.

– Tout cela est faux, Vincent n'a jamais voulu cela. Moi, je veux lui offrir une messe à la basilique Saint-Rémi à Reims. Ce serait le seul cadeau que je peux lui faire.

– Je comprends... »

Frédéric Philippon arrive lui aussi à l'hôpital le 29 avril. Le soir, Viviane a besoin de regarder ses mails. Frédéric lui prête son ordinateur. Il voit alors dans l'objet d'un mail le nom de « Jeanne Smits ». Frédéric sait que cette journaliste franco-néerlandaise dirige *Présent*, le quotidien catholique traditionaliste, proche de l'ex-Front national. Il le connaît d'autant mieux que l'abbaye du Barroux, où il a été moine vingt-cinq ans, reçoit ce journal comme une des lectures habituelles. « J'ai demandé à maman pourquoi elle était en contact avec Jeanne Smits. Elle m'a répondu que ce n'était pas mes affaires, comme si elle était prise en faute », raconte Frédéric. Les parents de Vincent préviennent qu'ils doivent s'absenter pour quelques jours et qu'ils reviendront bientôt.

Entre le 1er et le 9 mai, je retrouve d'abord, en date du 2 mai, la trace du tout premier article de Jeanne Smits sur Vincent Lambert dans *Présent*, intitulé « En France, l'euthanasie existe déjà. Un jeune homme se meurt, privé de nourriture ». Viviane lui donne l'ensemble des informations et lui demande sans doute de relayer l'histoire sans révéler l'identité de Vincent. Jeanne Smits écrit avec emphase : « Cela se passe aujourd'hui et maintenant, quelque part en France, en pleine légalité et par application de la loi Leonetti. Un jeune homme – appelons-le Hervé – dans le coma depuis plusieurs années après avoir été victime d'un accident de la route, a fait l'objet d'une décision d'"arrêt de soins". Non pas des soins d'acharnement, d'interventions lourdes et pénibles. Non : on lui a supprimé la nourriture, et réduit de manière drastique la quantité de liquide administrée. De 3 litres en 24 heures, son hydratation a été ramenée à quelque 100 ml sur la même période. Il n'y a qu'une issue possible, c'est l'issue recherchée : la mort. » Je découvre les arguments de cette journaliste qui se saisit de l'histoire « d'Hervé », lui prête des intentions (il pleure), des convictions religieuses (catholiques) et insinue que Rachel souhaite le voir mourir. Son article se déroule d'emblée comme un plaidoyer contre l'euthanasie : « Dans ce cas précis, c'est l'épouse du jeune homme qui a approuvé, peut-être demandé que la vie de son mari s'arrête là. Les parents, la famille d'Hervé n'ont pas été consultés (la loi Leonetti le prévoit pourtant). [...] C'est la colère, la tristesse, l'indignation. Ils ont eu beau le faire savoir, le corps médical est implacable. Leur voix ne compte pour rien. Et un jeune homme se meurt de mort lente, délibérément tué dans un hôpital français. On peut supposer que, catholique, il n'aurait pas voulu de cette fin et ses larmes le confirment. La loi demande que l'on recherche la volonté du patient, s'il pouvait l'exprimer. Mais cela n'oblige non plus à rien. » Ce 2 mai, discrètement, une guerre idéologique vient d'être déclarée, prémices de ce qui deviendra « l'affaire Lambert ».

Lorsque les parents quittent Reims, ils se rendent aussitôt au monastère du Barroux, dans la Drôme où ils prennent avis auprès des moines. Que faire ? Comment réagir ? Marie continue de penser que ses parents y ont été galvanisés et incités à ne pas laisser faire et à le faire savoir. L'information tourne vite dans ce petit univers d'extrême droite catholique. Entre le 2 et le 8 mai 2013, Viviane Lambert alerte ses amis et ses proches. L'article de *Présent* porte ses fruits. Viviane détaille dans son livre : « Un médecin spécialiste des questions éthiques a vent de notre histoire. C'est lui qui nous appelle pour nous parler de Jérôme Triomphe. [...] Je lui envoie un mail le 6 mai à 22 h 06. Un quart d'heure plus tard, il me rappelle, sidéré par ce que je lui écris. »

Je m'intéresse alors au pedigree de Maître Jérôme Triomphe, un grand gaillard emphatique et militant. Sur un site juridique spécialisé, je retrouve une première preuve de sa collaboration active avec l'Association cultuelle de la Fraternité sacerdotale Saint-Pie X. Il est leur avocat devant le tribunal de grande instance de Nanterre, le 2 juin 2005. En 2005, Triomphe a trente ans. Il exerce comme avocat depuis cinq ans. Puis en mai 2009, il défend l'association anti-IVG « Laissez-les vivre SOS Futures mères » devant le tribunal de Paris. En mars 2011, il devient l'avocat de l'Alliance générale contre le racisme et pour le respect de l'identité française et chrétienne (Agrif) dans une affaire qui l'oppose au Fonds régional d'art contemporain de Lorraine, devenant un proche du président Bernard

Antony, ancien député européen du Front national, dont l'objectif est de lutter par voie juridique contre « les atteintes à la dignité de l'identité chrétienne et nationale ». Même combat, en octobre 2011, contre le Théâtre de la Ville et la pièce de Roméo Castellucci *Sur le concept du visage du fils de Dieu*, jugée « blasphématoire » par l'Agrif. *Golgota Picnic*, pièce de Rodrigo Garcia, à Toulouse, affaire du Piss Christ à la fondation Lambert d'Avignon, défense des militants anti-mariage pour tous, avocat de l'Institut Civitas, lobby catholique traditionaliste d'extrême droite (proche de la FSSPX)... Maître Triomphe, ce jeune membre du Cercle des avocats libres enchaîne les affaires médiatiques et n'hésite pas à se mettre en scène face aux caméras. Il exultera de joie le 20 mai 2019 lorsque la cour d'appel de Paris ordonnera la reprise des soins de Vincent, alors que ceux-ci avaient été supprimés le matin même, hurlant, un micro dans une main et son téléphone collé à l'oreille dans l'autre : « On a gagné ! On a gagné ! »

En 2013, Maître Triomphe passe aussitôt à l'action au nom de Viviane et Pierre Lambert, Anne Lambert, la sœur, et David Philippon, le demi-frère. En plus d'un dépôt de plainte à la police contre le Dr Kariger pour « tentative d'assassinat avec circonstances aggravantes », d'alertes répétées au procureur de la République et d'un signalement au Conseil de l'ordre des médecins, l'avocat dépose une requête en référé-liberté[14] le 9 mai devant le tribunal de Châlons-en-Champagne. Les requérants demandent au juge des référés, en application de l'article L.521-2 du code de justice administrative, d'enjoindre,

14 Le référé-liberté permet à toute personne de demander au juge administratif de prononcer toute mesure utile à la sauvegarde d'une liberté fondamentale le concernant qui a été gravement violée par l'administration.

sous astreinte, le centre hospitalier et universitaire de Reims de rétablir l'alimentation et l'hydratation normales de Vincent Lambert, de prodiguer les soins éventuels que nécessite l'état de Vincent Lambert en raison de la suppression de l'alimentation depuis le 10 avril 2013 et la réduction de son hydratation. Tout cela « au nom du droit fondamental à la vie ».

Au même moment, un huissier débarque à l'hôpital et ordonne au Dr Kariger de rebrancher Vincent. Le médecin refuse. Rachel est convoquée au commissariat pour être auditionnée dans le cadre de la plainte. Elle reçoit des lettres d'inconnus qui la traitent de tueuse. Un médecin légiste examine Vincent. Rachel, qui se préparait à laisser partir son mari, est abasourdie. « Je tombe des nues, je ne m'attendais pas à cela, la gifle est violente. Pourquoi les parents s'acharnent-ils ainsi ? Pourquoi ne veulent-ils pas laisser leur fils s'en aller en paix, sereinement ? Vincent a toujours été un écorché vif en quête de liberté. Une fois de plus, on lui vole son libre choix, son libre droit », écrit-elle dans son livre.

Trois jours après, le samedi 11 mai 2013, l'ordonnance du juge des référés tombe : « Il est enjoint au centre hospitalier universitaire de Reims de rétablir l'alimentation et l'hydratation normales de Vincent et de lui prodiguer les soins nécessaires à son état de santé. » Ce jour-là, l'avocat Triomphe, en duo avec Maître Jean Paillot, avocat strasbourgeois spécialiste du droit médical et membre de l'Opus Dei, donne un tour judiciaire à cette triste histoire de famille. Trente et un jours après le début du processus, le Dr Kariger est forcé de remettre Vincent sous perfusion. « Le soir même, se souvient le chef de service, je retourne à l'hôpital. Marylène, une infirmière, m'accompagne, mais j'ai le sentiment d'avoir rebranché moi-même Vincent Lambert. Le geste en lui-même n'est pas violent, mais il l'est dans sa symbolique. Je sais que c'est un geste déraisonnable. » Les parents de Vincent avec les avocats et un huissier sont venus vérifier le rétablissement de l'alimentation. Tout le réseau des avocats et des médecins apparentés aux milieux intégristes se met en ordre de bataille. Le professeur Xavier Ducrocq, neurologue et président du comité d'éthique du CHU de Nancy, est appelé à la rescousse par les avocats. Il contribue au blog « Gènéthique », du président de la Fondation Jérôme-Lejeune, Jean-Marie Le Méné, et intervient comme enseignant dans leur master class « Science et éthique ». Viviane se constitue son escouade : « Ces inconnus sont devenus des amis. Mieux : des compagnons d'armes. J'ai une grande tendresse pour Jérôme [Triomphe], il agit pour Vincent comme s'il se battait pour son propre frère. Il nous a tout de suite rendu la confiance et l'espoir dont nous avions tant besoin. » Rachel est absente. Marie est là, la seule des frères et sœurs qui vit près de Reims, horrifiée par la scène. « J'étais très très en colère. Dans le couloir de l'hôpital, ça a pété. Mon père m'a pris par le bras en me disant : "calme-toi". Il ne supportait pas que je les contredise alors qu'il avait affirmé qu'il n'irait pas contre l'avis d'un confrère. Je me suis emportée. J'ai dit que c'était dégueulasse ce qu'ils faisaient à Vincent, qu'il n'aurait jamais voulu rester comme un légume. Le Dr Kariger aussi était en colère », se souvient-elle. Dans ce même couloir, excédé par la présence de l'avocat, le médecin de Vincent s'emporte : « De toute façon, on recommencera, vous êtes de très mauvais conseil ! »

Ce samedi 11 mai 2013, la famille et « l'affaire Lambert » viennent d'éclater officiellement. Sur son blog, Jeanne Smits s'empresse d'écrire un article intitulé : « Euthanasie en France : référé gagné ! Vincent Lambert vivra… Mais il reste menacé », où elle se réjouit d'une « extraordinaire victoire pour le respect de la vie ». Le Salon beige, « blog quotidien d'actualité par les laïcs catholiques », pro-vie et proche de l'extrême droite, suivi par une moyenne de 20 000 lecteurs par jour, reproduit aussitôt l'article de Jeanne Smits. Riposte catholique aussi. Le dimanche matin, Jérôme Triomphe et Jeanne Smits sont invités sur Radio Courtoisie dans l'émission d'Olivier Figueras, chroniqueur à *Présent* – accessoirement époux de Jeanne Smits –, dont le frère, père Raphaël Figueras, vit au monastère du Barroux. Interrogé sur son état d'esprit, Jérôme Triomphe se félicite : « Nous avons obtenu une très grande victoire dans la lutte pour la vie d'un jeune garçon dont nous pouvons désormais donner le nom. Il s'appelle Vincent Lambert. […] Depuis deux ans, il est dans un état pauci-relationnel, il vit, il voit, il regarde, il réagit à ce qu'on lui dit, il est sensible à la douleur, aux émotions, aux sentiments. La médecine a décidé qu'il n'avait pas une qualité de vie suffisante pour mériter de vivre. Et en application de la loi Leonetti, une équipe médicale a décidé qu'il fallait le faire mourir de faim. […] Nous avons essayé d'alerter les autorités religieuses qui ont refusé d'intervenir, et de tout cela il faudra rendre compte au Tout-Puissant. […] Au tribunal, j'ai eu le sentiment de plaider pour un condamné à mort. J'ai plaidé de manière fiévreuse. Et j'étais habité, je ne pense pas avoir plaidé seul. Le Ciel était avec nous. Dans le public, cinquante amis de Vincent étaient là. Nous avons explosé de joie. Jeanne, d'ailleurs, je vous ai appelée immédiatement… » L'affaire Lambert trouve, auprès de relais d'extrême droite, son premier écho médiatique.

11. Le jour d'après

Le docteur Kariger veut tout reprendre à zéro. Les proches de Vincent, ceux qui souhaitaient le voir partir, sont anéantis. Rachel, en premier lieu. Marie ne veut plus entendre parler de ses parents. Joseph prend ses distances avec toute la famille. Dominique se fait oublier. Guy-Noël, Marie-Geneviève, Frédéric et François, le neveu de Vincent, continuent à s'informer, à lire la presse et à faire circuler des informations par mail. Face à eux, les intégristes catholiques qui viennent d'enfourcher leur nouveau cheval de bataille se font entendre insidieusement, et notamment auprès de Rachel. Quelques jours après la réalimentation de Vincent, Jeanne Smits se rend à l'hôpital. Sans dévoiler son identité, elle interpelle Rachel dans le couloir pour lui signifier : « Nous n'avons pas été présents toutes ces années, nous venons réparer cela… J'ai touché le visage de Vincent. » Elle se procure également son adresse postale et lui envoie une lettre où elle explique avoir prié pour Vincent à l'église et avoir entendu un enfant pleurer de faim.

Elle assure à Rachel que si Vincent refuse d'être touché, c'est parce qu'il a senti la volonté des médecins et de sa femme de le faire mourir. Le 15 mai, Jeanne Smits recommence sur son blog, sur un ton provocant : « Non seulement Vincent Lambert est sauvé, il commence à reprendre des forces ! C'est l'excellente, la magnifique nouvelle d'hier : à ses parents venus à son chevet, nourri et hydraté de nouveau depuis samedi après-midi, Vincent Lambert a souri. Souri d'un petit sourire en coin, joli et complice, qui le rend aux yeux de ceux qui l'aiment plus beau que n'importe quelle star. C'est l'une des gentilles aides-soignantes qui a obtenu ce sourire. Ces sourires. Ce sont elles qui soignent Vincent au jour le jour. Elles ont pour lui une affection visible, véritable. »

Rachel devient la cible numéro 1 de pressions venant de ce petit cercle traditionaliste. Le père Charbel Pazat de Lys de l'abbaye du Barroux lui écrit un mail. C'est lui qui l'avait bénie, à la demande de Vincent, lorsqu'elle était enceinte. Rachel se sent harcelée, comme elle en témoigne dans son livre : « Sur un ton qui se veut bienveillant, ce prêtre me prie de ne pas me laisser manipuler par "les mages noirs en blouse blanche". Il se dit de mon côté, joue sur ma culpabilité, appuie sur le fait que "j'ai un pouvoir de vie et de mort" sur mon mari. [...] Il prédit que ma fille sera traumatisée à vie, bien plus que si elle voit son père malade. [...] Je me sens atteinte dans mon intimité. Pour lui, je suis une double victime. Celle à qui un accident de la route a enlevé prématurément son mari et la victime de "mensonges et manipulations par lesquels, pour leurs inavouables intérêts économiques, ces mauvais mages m'ont éloignée de sa famille pour pouvoir me faire croire que ce serait indolore de l'éliminer par le choix libre de la dénutrition". »

La culpabilisation, la haine des médecins apprentis sorciers, la victimisation, le complot… Voilà tous les ingrédients de l'extrémisme religieux portés comme un étendard par ceux qui, laïcs ou religieux traditionalistes, chevaliers du Christ autoproclamés, prétendent amadouer Rachel, soutenir les parents de Vincent, mais surtout instrumentaliser cette histoire familiale en faveur de leur combat idéologique contre l'euthanasie. Dans ce contexte, parmi les frères et sœurs, une seule brave les non-dits : Marie-Geneviève. Dans un mail daté du 17 mai, la demi-sœur de Vincent ose écrire à Viviane avec tous les protagonistes en copie : « Il me semble que vous vous trompez de procès, c'est vis-à-vis du prêtre qui a fait du mal à Vincent qu'il fallait s'exciter autant. […] Vous avez donc, avec cette dernière croisade, votre grand projet, le rôle de votre vie à Dallas-sur-Marne ? Avec un peu de chance, on va bientôt passer à la télé dans le rôle de la mère éplorée ? Et Vincent dans tout ça ???? […] Je me permets juste de rappeler (il ne faudra pas manquer d'en aviser votre avocat) qu'il y a quinze jours, vous prépariez les funérailles, et que peu avant vous m'avez dit que ça ne pouvait de toute façon plus durer… Mais voilà, vous vous heurtez à quelques résistances de la part de Rachel : non, la cérémonie ne se fera pas à Saint-Rémi, avec toute votre clique… Peu à peu, tout vous échappe donc ! […] L'idée même que votre fils puisse conquérir sa liberté dans la mort vous est insupportable… En même temps, j'aime à penser que peut-être… peut-être… Vincent dans son esprit perturbateur, a voulu tout ça… que vous êtes téléguidée, que comme une sorte de kamikaze, il a voulu se détruire et détruire toute la fausse structure familiale derrière lui. […] Non seulement vous bloquez ce processus, face à une situation dont vous semblez ne pas comprendre qu'elle est de toute façon inéluctable, mais votre orgueil vous aveugle au point que vous n'en devinez pas les risques : entre autres de perdre, en plus de Vincent, d'autres enfants, et très certainement, votre (vos) petite(s) fille(s). [...] Vous faites régner la terreur au point que votre ex-mari qui a élevé Vincent pendant six ans n'ose pas envisager venir à ses funérailles. Vertueuse, à la manière de Robespierre. Oui, je lâche mon amertume. Ce n'est pas le moment... Et si justement c'était le moment ? Marie-Geneviève Lambert. » Marie-Geneviève formule à sa belle-mère ce qu'aucun de ses enfants n'a jamais osé. Elle jette le pavé dans la mare que Vincent aurait rêvé de jeter, ce que le personnage courageux de Christian se risque à faire dans le film *Festen*, en pleine fête d'anniversaire. Sauf que, dans le cas présent, Marie-Geneviève n'a pas gâché de fête, elle explose simplement, au moment où tout explose.

De son côté, Joseph nourrit une colère froide. Le fait de ne pas avoir été informé en amont de la décision passe mal. Surtout pour une raison : « J'en veux beaucoup à ce médecin car je persiste à penser que ma sœur Marie et moi, peut-être avec d'autres aussi, aurions peut-être pu, avec un délai de six mois à un an, je pense, convaincre peu à peu mes parents de laisser partir Vincent. Quand je repense à tout ça, je me dis qu'on n'a pas tout essayé et qu'on aurait pu éviter ces années de procédures épouvantables », me dit-il avec amertume. Avec le recul, et en repensant au déroulement de ces journées, il me confie : « Ma mère avait été informée de la volonté de Kariger de lancer le processus. Elle l'a nié devant moi. Elle nie toujours ce qui la dérange, ce qui peut paraître compréhensible un temps, suite à une première décision en cercle restreint et peut-être mal ficelée. Mais Kariger s'est confronté de fait à une grande famille complexe, et à des parents toxiques. Avec ma sœur Marie, on a essayé de faire passer le message à ma mère pour qu'elle accepte cette décision même si j'ai eu cette impression nette que tout ça démarrait très mal, en étant mis devant le fait accompli. » Marie, elle, partage cette position. « Nous étions d'accord sur le fond mais il aurait fallu que Kariger prenne la mesure de ce que ma mère était capable de faire. Quelques années avant, mon frère nous a annoncé son homosexualité et ma mère a très mal réagi. C'était en 2011. Pendant les deux années suivantes, j'arrivais peu à peu à lui faire accepter l'idée. Au point qu'un jour, elle m'a dit qu'elle serait d'accord pour rencontrer le copain de Frédéric, même si la probabilité qu'elle le fasse était très faible. On aurait peut-être réussi à faire pareil dans le cas de Vincent… »

12. L'affaire

Rachel, la discrète, ne veut pas de la lumière crue des plateaux télé. Mais elle s'aperçoit bien vite qu'il lui faudra, elle aussi, utiliser les médias pour rétablir les faits. Son premier entretien paraît dans le quotidien *Le Monde,* le 30 mai 2013 : « Laisser partir Vincent est ma dernière preuve d'amour. » Elle demande que « Vincent soit entendu et respecté dans ce qu'il était avant. » Puis elle enchaîne avec la radio et la télévision. L'opinion publique découvre pour la première fois une épouse sensible et déterminée à ne pas laisser ses beaux-parents envahir le champ médiatique. Elle choisit deux avocats pour faire face aux recours et dépose une requête en juillet. Après l'été 2013, l'équipe du Dr Kariger lance une concertation à la demande de huit membres de la famille. Les médias locaux s'intéressent de près à l'affaire. Les nationaux emboîtent le pas. Le 27 septembre 2013, une première collégiale est organisée avec l'ensemble de la famille pour recueillir l'avis de chacun. Sept des participants sur onze souhaitent toujours que l'obstination déraisonnable cesse. « C'était très éprouvant, se souvient Marie. Il fallait beaucoup d'énergie pour affronter ces collégiales. Chacun avait préparé un texte. Certains le lisaient, d'autres expliquaient leur point de vue. On disait presque tous la même chose avec nos mots, nos références. On parlait de Vincent, de ce qu'il aurait voulu. On ne se regardait pas. C'était hypertendu. Kariger a pensé qu'on arriverait à faire changer d'avis ma mère. Mais il ne s'est pas rendu compte de qui elle était. »

Je me procure le compte rendu de la première réunion. Seul Joseph est absent, excusé. Il fait parvenir une lettre où il renouvelle sa confiance aux médecins. Les arguments de Viviane, Pierre, Anne et David sont ceux que je retrouve dans les articles des blogs et journaux traditionalistes : « Vincent n'est pas en fin de vie, il n'est pas malade, il est un grand handicapé de la vie. » Un peu plus loin le mot « miracle » est lâché : « Vincent peut encore récupérer à la condition qu'on lui donne les soins qu'il n'a pas. [...] Un miracle est toujours possible. » Cette partie de la famille remet en cause les paroles de Vincent sur son refus de vivre dans cet état. Cela pourrait être interprété « comme une boutade » de sa part. Enfin, sur le fond, ils contestent le droit médical à laisser mourir un patient et réclament donc un transfert de Vincent dans un autre service de neurologie, à Nancy. Face à eux : Rachel, Marie, Guy-Noël, Frédéric, Dominique, Marie-Geneviève et Joseph. Ceux-là remettent Vincent et sa personnalité au centre du débat : « Vincent avait exprimé le non-sens d'une vie en état de grande dépendance, c'est aussi fort que des directives anticipées écrites. Vincent était très entier, vivait "à fond" et défiait la mort régulièrement, il ne voulait pas d'une "petite vie". » Dans cette longue liste d'arguments, les frères et sœurs expriment une « incompréhension face à la judiciarisation et la mise à l'écart au tribunal administratif des autres membres de la famille. Ils refusent l'éloignement de Vincent dans un autre hôpital ». Et, aussi étonnant que cela puisse paraître, les deux camps s'accordent sur quelques points : « Rachel a bien une place particulière auprès de Vincent. Personne ne peut être certain de ce que ressent Vincent actuellement. Vincent était "entier" et il a été bien soigné ces quatre dernières années dans le service du Dr Kariger, personne ne remet en cause le professionnalisme de l'équipe. »

Le Dr Kariger motive ses réponses en détaillant la situation clinique de Vincent, dont l'état n'a pas évolué depuis plusieurs mois. « Le pronostic neurologique est consolidé et aucun progrès n'a été observé. Aucun code de communication fiable n'a pu être mis en place. Le transfert pourrait constituer un traumatisme pour Vincent. » Malgré des divergences de fond, le médecin apprécie les échanges argumentés avec un des opposants à l'arrêt des soins : le demi-frère David. Mais il perçoit des revirements aussitôt que celui-ci retrouve son épouse, Stéphanie Philippon, issue de la Fraternité Saint-Pie X et une très proche de Jeanne Smits. « Deux, trois jours après je recevais un mail assassin. [...] Il baigne dans ce milieu et se défend comme il peut », tente d'expliquer Kariger. Dans la foulée de cette réunion, une lettre adressée par les parents Lambert au médecin donne le ton de ce que sera la deuxième, programmée le 16 novembre. Ils y accusent le Dr Kariger de « tentative d'assassinat sur personne vulnérable ». À l'extérieur, les associations *pro-life* sont sur le pied de guerre dès la première réunion. Le 18 septembre 2013 « Laissez-les vivre SOS Futures mères » envoie un communiqué pour dénoncer

« la machine infernale de l'euthanasie passive et la tentative de passage en force du Dr Kariger ». Et le jour de la première collégiale, Bernard Antony, président de l'Agrif (Alliance générale contre le racisme et pour le respect de l'identité française et chrétienne), écrit un communiqué au vitriol en comparant le Dr Kariger aux nazis, relayé par le blog Salon beige, site catholique traditionaliste : « Le docteur Kariger ose, lui, par son étiquette politique, s'affirmer chrétien. Et c'est abject. Car, comme les nazis, comme les communistes aussi, il profère que si la personne humaine n'a pas "de vie relationnelle normale", alors on peut la tuer ! Le docteur Kariger piétine ainsi non seulement l'impératif chrétien de respect de la vie innocente, qui est d'ailleurs aussi celui de la simple loi naturelle, mais de surcroît il bafoue le fondamental principe du serment d'Hippocrate : *"Primum non nocere"*[15]. »

Éprouvante, d'une rare violence, la deuxième rencontre s'ouvre dans ce contexte accusateur. La plupart des membres de la famille sont scandalisés par la lettre de Viviane et Pierre, et désapprouvent leurs propos. C'est peut-être en réplique à cette attaque que Rachel se décide à évoquer, pour la première fois devant Viviane, le traumatisme de Vincent, abusé sexuellement par un prêtre de la Fraternité Saint-Pie X. « Je rappelle un élément de l'histoire de Vincent qui peut expliciter certaines choses. Le corps a sa mémoire. Je sais bien que je vais déclencher le mécontentement. Qu'importe, seul Vincent compte. La réalité est dure, les responsabilités sont là », écrit-elle. Marie enfonce le clou et raconte que « [son] frère a passé une partie de son enfance en pension, qu'il ne se retrouvait pas

15 « D'abord ne pas nuire. »

dans l'idéologie religieuse traditionaliste. Vincent a toujours été quelqu'un de spirituel, mais il rejetait le milieu intégriste, fuyait son carcan étouffant. Il ne supportait pas les interdits religieux. » Cette tentative de conciliation se solde par un nouvel échec. Mais, pour la première fois, des secrets de famille jamais exprimés surgissent. Le Dr Kariger écoute les uns et les autres. « Vincent devenait l'objet de quelques-uns des membres de la famille, analyse le médecin. L'objet d'un combat qui n'était pas le sien. Il était manipulé comme un objet au service de règlements de comptes, de réparations aussi. »

Marie-Geneviève, la demi-sœur de Vincent, me confie une nouvelle lettre qu'elle enverra à tous une semaine après cette deuxième collégiale. Elle se veut rationnelle et posée, ayant à cœur de défaire, point par point, le nœud gordien. « Étant donné les nombreux dérapages, je n'ai pas pu exprimer quelque chose qui me tenait à cœur. [...] Pour nous tous, la bonne décision est celle qui tient compte du meilleur POUR VINCENT. J'ai répertorié cinq mauvaises motivations pour nos décisions, elles peuvent être à l'œuvre dans nos inconscients et agir sous couvert d'arguments plus nobles : 1) Le ressentiment : le fait pour Viviane et d'autres de ne pas avoir été partenaires de la décision a été insupportable et c'est normal. Mais notre ressentiment vis-à-vis de l'équipe ne concerne pas Vincent. 2) Nos principes : j'ai réfléchi à ce qui fait la différence entre conviction et principe. Pour moi, les convictions s'enracinent dans le cœur. Les principes sont d'abord guidés par la peur : la peur de la complexité de la vie, de la volonté de la simplifier, d'établir des limites claires entre le bon et le mauvais par exemple. Quand le Christ a guéri un malade le jour du sabbat, il a eu toute la communauté des pharisiens sur le dos, ceux pour qui le sabbat était un principe plus fort que la vie elle-même. Cette parole du Christ "le sabbat est fait pour l'homme et non pas l'homme pour le sabbat" a toujours été pour moi utile dans bien des situations. Pour moi, le Christ est homme de convictions et pas de principes. 3) Notre peur personnelle et/ou culturelle de la mort, largement partagée, ne concerne pas Vincent. 4) Le rachat : il s'agirait de sauver Vincent de la mort, comme preuve ultime d'amour, et rachat inconscient des manquements que l'on a pu avoir auprès de lui. Cela concerne notre psychologie mais pas Vincent. 5) Enfin, il y a notre propre souffrance qui n'est pas celle de Vincent. Voyez tout cela comme une réflexion personnelle qui peut aider chacun. Et rien d'autre. »

Lorsque j'interroge Joseph sur ces collégiales, il paraît désabusé, comme s'il avait perçu dès le départ que l'engrenage judiciaire et médiatique serait irrattrapable : « La première collégiale est arrivée trop tard. La colère de ma mère a étouffé un débat qui aurait pu être constructif pour nous et surtout pour Vincent. Sa personnalité, ce qu'il était, ont été à peine évoqués et les parents basculaient déjà dans l'irrationalité qui leur est si chère. Vincent devenant l'otage de leur paranoïa et du milieu intégriste qui en ont fait leur étendard, se foutant éperdument de qui il était, d'où il venait et dans quelle situation il se trouvait à ce moment précis après de longues années, alité, coupé du monde et de lui-même. Si on ne se rattache pas à ce qu'était la personne de son vivant, comment peut-on sereinement prendre la meilleure décision possible lorsqu'elle n'est plus là ? Vincent faisait très attention à son apparence, préservant son identité, fragile et instable. Il méritait mieux qu'un énième coup de sang et de colère de la part de ses parents qui ont exposé toute leur famille à leur croisade sans fin. » Il me raconte plus particulièrement une soirée dont il garde un souvenir bien imprimé : « Nous étions à Reims, chez mes parents. Il savait se livrer tard dans la nuit. Un moment précieux. Nous parlions du rapport à la vie et à la mort. Là, il m'a dit que s'il avait un accident un jour, il préférerait mourir vite, et qu'il ne voudrait pas devenir un légume. »

La dernière collégiale a lieu le 9 décembre 2013 avec la présence de trois médecins extérieurs : Véronique Fournier, responsable du Centre d'éthique à l'hôpital Cochin de Paris, Bernard Devalois, chef du service de médecine palliative à l'hôpital de Pontoise, et Xavier Ducrocq, neurologue et président du comité d'éthique au CHU de Nancy (là où Viviane Lambert souhaite transférer Vincent). Celui-là même qui avait envoyé une lourde charge à Éric Kariger lors de l'interruption des traitements : « En substance, il m'écrit que je suis un assassin et que notre décision est un acte d'euthanasie, contraire à la déontologie médicale », se souvient le chef de service rémois. Après quelques heures d'échanges entre la famille et les médecins, l'avis pluridisciplinaire conclut à… l'obstination déraisonnable.

Le Dr Kariger ne tarde pas à donner ses conclusions. Le 11 janvier 2014, il convoque la famille, confirme l'obstination déraisonnable, et annonce qu'il lancera le protocole de fin de vie à partir du 13 janvier. Le médecin laisse le temps aux parents de Vincent de contester ou non cette décision devant les tribunaux. Sans surprise, Maître Triomphe, l'avocat de Viviane, Pierre, Anne et David, dépose une requête en référé-liberté au tribunal de Châlons. Le 16 janvier, l'ordonnance tombe comme un couperet : le juge suspend la décision d'arrêt des soins, considérant que « l'alimentation et l'hydratation artificielles peuvent avoir pour effet la conservation d'un certain lien relationnel ». Autrement dit, un revers de taille et de fond pour l'équipe du Dr Kariger puisque le juge invalide ses conclusions neurologiques. Lors d'une conférence de presse, le médecin, désavoué par la justice, résume sa très grande inquiétude en trois points : « Le juge remet en cause la loi Leonetti. Ils jouent aux médecins et l'obstination déraisonnable a de beaux jours devant elle. Enfin, les patients peuvent être légitimement inquiets. » Je me procure le rapport de treize pages motivant le choix du médecin, daté du 11 janvier. Il n'y élude pas « les questions éthiques difficiles » et répond en se référant à la loi Leonetti, au sujet de l'obstination déraisonnable sur un patient qui n'est pas en fin de vie : « Atteint d'une maladie cérébrale incurable, cette maladie n'est pas spontanément évolutive mais l'article CSP L 110-5 nous interdit la poursuite d'un traitement par obstination déraisonnable, quelle que soit la situation clinique, article qui a une portée générale et concerne donc également les patients qui ne sont pas en fin de vie. » À la question de savoir si hydratation et nutrition constituent des traitements relevant de l'obstination déraisonnable, le Dr Kariger explique : « C'est un sujet controversé, renforcé par des représentations culturelles et religieuses : on laisserait "mourir de faim et de soif les malades". Ces soins sont considérés par certains comme des soins de base. Mais la législation est claire : la nutrition et l'hydratation artificielles ont été explicitement considérées comme constituant un traitement médical. L'arrêt de ces traitements ne peut pas être qualifié d'euthanasie, c'est-à-dire l'administration d'un produit qui provoque la mort mais correspond au "laisser mourir" de la loi Leonetti : la médecine se retire en arrêtant un traitement qui a pour seul objet le maintien artificiel de la vie. »

Toujours prête à galvaniser son camp, la journaliste pasionaria Jeanne Smits enchaîne les posts sur son blog. Entre le 19 décembre 2013 et le 18 janvier 2014, je ne retrouve pas moins de huit articles consacrés à l'affaire Lambert, titrant « Vincent Lambert : nouvel arrêt de mort » ou encore « La victoire ! La vie sauvée de Vincent ». Le 18 janvier 2014, alors qu'elle répond aux questions d'un lecteur, Jeanne Smits s'enferre dans ses propres contradictions. À la question « Comment en est-on arrivé à un jugement autant médiatisé ? », Jeanne Smits répond : « Le jugement a été très médiatisé parce que Kariger, parmi d'autres partisans de la mort de Vincent Lambert, s'est répandu dans la presse en imposant son point de vue. Il est vrai que *Présent* a dégainé le premier, avant même la décision d'engager un premier référé en mai, mais croyez bien que s'il n'y avait eu que *Présent*, on n'en aurait pas tellement parlé. La presse locale de Reims s'est emparée de l'affaire et les prises de position idéologiques ont fait le reste. »

Le 17 janvier 2014, face aux pressions et aux violentes menaces à l'encontre du Dr Kariger, l'hôpital décide de sécuriser la chambre de Vincent Lambert. Chaque visiteur devra déposer sa carte d'identité et se signaler auprès d'une infirmière. Une caméra de surveillance est posée en direction de la chambre. La porte de celle-ci dispose aussi désormais d'un hublot. Vincent est une sorte de prisonnier doublement enfermé dans un quartier de haute sécurité. C'en est trop pour une partie de la famille qui sort publiquement de sa réserve. « L'idée a germé lorsque je suis allée chez Marie à Reims, me confie Marie-Geneviève. J'ai commencé à écrire, François a complété et puis chacun a validé. » Ils proposent une tribune au journal *Le Monde*. La première phrase est née sous la plume de Marie-Geneviève : « En matière de prise d'otages, lorsque les situations s'enlisent, ce sont souvent les familles qui poussent les gouvernements à trouver des solutions ou qui agissent elles-mêmes quand cela est possible. Aujourd'hui, avec notre frère et oncle, Vincent Lambert, c'est le pays tout entier qui est pris en otage par une frange extrême de la société représentant une minorité, très agissante comme souvent. » Marie, Guy-Noël, Frédéric, Marie-Geneviève, Joseph et François égratignent la loi Leonetti et pointent ses limites : « À force de ne pas vouloir dire les choses, cette loi semble inapplicable. Elle autorise une injection létale de calmants (et seulement de calmants) sans intention de donner la mort (sic). Elle demande à ce que soient prévenus (y compris oralement) les membres de la famille, sans définir ce qu'est la famille, et à défaut, un proche. Elle propose également de lutter contre l'acharnement thérapeutique en le définissant de façon floue. C'est ainsi qu'on en arrive à la situation désastreuse de Vincent, qui a payé une première fois une erreur de forme, une deuxième fois la velléité de juges qui ont jugé du contenu même de la décision. » Par conséquent, ils appellent la ministre de la Santé de l'époque, Marisol Touraine (PS), « à se prononcer de façon urgente auprès du directeur du CHU de Reims pour déposer un recours devant le Conseil d'État », visant à contester la décision de maintien en vie de Vincent par le tribunal de Châlons.

Passé le délai de quinze jours, l'appel n'est plus possible. Résultat, ne voyant rien venir côté CHU, François Lambert et

Rachel Lambert, avec leurs avocats respectifs, prennent l'initiative de faire un recours devant le Conseil d'État le 31 janvier 2014. Ce dernier botte en touche. Jamais les sages n'avaient eu à traiter d'une affaire médicale et éthique aussi délicate. Le juge des référés du Conseil d'État renvoie le jugement à l'Assemblée du contentieux, une formation solennelle de dix-sept juges. Le 14 février, jour de la Saint-Valentin, cette assemblée ordonne qu'un collège de trois médecins, spécialistes de neurosciences, réalise une expertise sur l'état de santé de Vincent. À ces échanges sont conviés une longue liste de spécialistes tous domaines confondus : le député-maire des Alpes-Maritimes (feu l'UMP) Jean Leonetti, père de la loi sur la fin de vie, le Conseil national de l'ordre des médecins, l'Académie nationale de médecine et le Conseil consultatif national d'éthique.

Fin juin 2019, je décide de solliciter un rendez-vous avec Jean Leonetti. Je veux savoir ce que pense le législateur sur la fin de vie, mis maintes fois en cause dans l'affaire Lambert. Je prends l'avion pour le retrouver un vendredi après-midi dans son bureau de la mairie d'Antibes. Il m'accorde un long entretien. D'abord, il me confirme que la loi qui porte son nom a bel et bien été suscitée par l'affaire Vincent Humbert. « Ça a été un élément déclencheur. Mais on n'a pas fait une loi Humbert. Je suis aristotélicien et je suis convaincu que les modérés ont plus de conviction que ceux qui passent d'un excès à l'autre. Après la mort de Vincent Humbert, le gouvernement m'a demandé de réfléchir au sujet de la fin de vie. On commence cette mission avec trente-deux députés de tous bords et des avis différents. On a vécu de beaux moments, on a cheminé tous ensemble de longues semaines. À la fin de chaque audition, on se questionne. Je fais le rapport. Les trente-deux députés se mettent d'accord. Et sont prêts à voter une loi sur la base de ce rapport. »

Pour lui, et contrairement à ce qu'affirme une partie des proches de Vincent, l'affaire Lambert ne remet pas en cause la fiabilité de la loi. Elle renvoie plutôt à la spécificité de la famille. Leonetti s'appuie sur les deux décisions du Conseil d'État : « Le conflit intrafamilial est le nœud du tragique et du drame absolu de Vincent Lambert. Jamais une décision n'a été aussi motivée que celle qui a été rendue par le Conseil d'État. Les trois équipes médicales ont confirmé que Vincent était dans un état végétatif chronique irréversible. Tous les avis ont été concordants. » Je lui demande pourquoi sa loi n'a pas pu contrer les nombreux recours des parents et si cela ne révèle pas des failles juridiques ? « Non, la loi n'est pas en cause, paradoxalement, cette affaire malheureuse a permis de conforter la loi par les décisions du Conseil d'État et la Cour européenne des droits de l'homme, assure-t-il. Cette décision du Conseil d'État précise que, conformément à la loi, chaque affaire est un cas particulier, je ne vois donc aucune raison pour qu'elle fasse jurisprudence. La volonté claire, répétée de Vincent de ne pas subir d'acharnement a été validée, même si ces volontés n'ont été exprimées qu'oralement. Je n'ai jamais entendu les parents contester ces faits. Les relations entre Vincent et ses parents étaient distendues et les témoignages étaient concordants. »

Je me replonge alors dans le contexte de juin 2014, quelques jours avant que le Conseil d'État ne juge légale la décision du Dr Kariger. Car, parallèlement à la bataille judiciaire, celle de l'opinion bat son plein. Le camp des pro-vie se fait entendre.

Le 20 juin 2014, Jean-Marie Le Méné, magistrat à la Cour des comptes, président fondateur de la Fondation Jérôme-Lejeune, époux de Karin Lejeune (fille de Jérôme Lejeune) et père de neuf enfants, accorde un entretien à Direct Matin où il réagit aux recommandations du rapporteur du Conseil d'État, Rémi Keller. Le Méné, dont la Fondation est proche de l'Opus Dei, dénonce la loi Leonetti comme un tapis rouge déroulé à l'euthanasie : « Le commissaire du gouvernement [c'était son appellation jusqu'en 2009] requiert la mort ! Rien que cela ! […] Il se trouve que le rapporteur public demande l'application de la loi Leonetti qui assimile faussement des soins qui sont toujours dus à des traitements devenus inutiles et qu'on peut arrêter sans problème éthique. Cela s'appelle de l'euthanasie. » Et de s'offusquer de toute volonté de politisation de l'affaire : « Aucune loi ne devrait permettre de donner la mort à qui que ce soit, parce qu'en faisant cela nous sommes à la fois juge et partie. Quant à ceux qui répètent à satiété que les parents de Vincent veulent garder leur enfant en vie au motif qu'ils seraient des "catholiques traditionalistes", c'est une ignominie ! » Ignominie ? C'est pourtant ce réseau de catholiques traditionalistes qui entoure les parents Lambert. Jean-Marie Le Méné et Pierre Lambert partagent ce combat de longue date contre l'avortement. Au point que la Fondation ne se cache pas d'avoir financé les frais d'avocats des parents à hauteur de 100 000 euros par an. « On s'achemine vers la fin de vie programmée : cela mérite un investissement total de notre part, car nous avons vocation à défendre la vie », expliquera Jean-Marie Le Méné à l'AFP, à quelques semaines de la fin de l'affaire. Le rôle de l'Opus Dei m'intrigue. Aymeri Suarez-Pazos, président de l'Avref (Aide aux victimes des dérives de mouvements religieux en Europe et à leurs familles), fut membre pendant quatorze ans de cette institution. Il m'explicite précisément le jeu d'alliances objectives en place : « La Fondation Lejeune semble être en partie, sinon totalement, aux mains de l'Opus Dei. J'ai connu le prêtre numéraire qui s'occupait de Jérôme Lejeune dans ses derniers mois. Et je sais que plusieurs membres de la famille Lejeune font ou faisaient partie de "l'Œuvre". J'ai quitté l'Opus Dei avant qu'on ne parle de la Fondation Lejeune. Mais, par plusieurs sources, je sais l'implication de l'Opus dans cette fondation, et plusieurs anciens membres me disent qu'aujourd'hui l'Opus l'utilise pour obtenir de l'argent en profitant des remises d'impôts, des legs, de tous avantages dont elle ne disposerait pas en France autrement. Officiellement, l'Opus ne s'implique pas. Il prétend laisser ses membres libres de toute implication. Cela lui permet de se dégager de toute responsabilité ou implication institutionnelle et ne prétendre répondre qu'au seul champ du spirituel, avec des formations et de l'accompagnement. L'Opus Dei maintient la culture du secret jusque chez ses membres. C'est ainsi, par exemple, qu'un membre extérieur au projet de la Fondation Lejeune peut rester dans l'ignorance des implications concrètes qui se trament. Il peut également ignorer le lien de telle ou telle personne de cette famille à l'Opus Dei. Justement, c'est dans ce contexte qu'il faut aborder le lien de l'Opus avec la Fondation Lejeune. L'implication de l'Opus dans les combats contre l'avortement, toujours sous couvert d'initiatives personnelles ou de participation de membres à des initiatives publiques, l'a rapproché de la figure et de la famille de Jérôme Lejeune. »

Je lui demande s'il existe des liens officieux entre l'Opus Dei et la Fraternité Saint-Pie X. « Les liens existent, même si l'Opus Dei ne voudra pas se compromettre au grand jour avec la FSSPX, qui est en marge de l'Église. En revanche, le terrain peut les rapprocher fortement. Car leurs idéologies respectives ne sont pas si éloignées. Elles partagent une idée voisine de la "Chrétienté", et de l'influence que doit avoir l'Église sur la société par le moyen du pouvoir. Dans l'Opus Dei, la prétention est d'influencer l'ordre du monde de l'intérieur par les laïcs. Dans la FSSPX, il y a la nostalgie d'une prétendue Chrétienté politico-religieuse qu'il s'agirait de restaurer. Une partie du clergé opusien travaille en interne sur les laïcs, une autre partie s'implique dans les rouages administratifs ecclésiastiques et ambitionne les plus hauts postes et lieux de pouvoir. L'Opus a trouvé sur le terrain des luttes "anti" de la décennie une occasion non seulement d'agir selon ses focalisations sociétales, mais aussi un lieu pour recruter ou trouver de nouveaux ancrages. Quelle que soit sa dénégation officielle, il est certain que l'Opus est mêlé, "à titre d'initiatives privées", à la Manif pour tous ou à Sens commun. Jusqu'ici, ils étaient à la marge des sphères politiques françaises. Et pour revenir à la Fondation, il faut souligner que la famille Lejeune possède aussi des liens avec le monde politique, financier et industriel français. »

Revenons à 2014 et à Jean-Marie Le Méné. En pleine affaire Lambert, le président de la Fondation Lejeune fait la promotion de son *Manuel sur l'euthanasie*, édité en partenariat avec son blog « Gènéthique ». Jean-Marie Le Méné, membre de l'Académie pontificale pour la vie, y compare en introduction l'euthanasie à l'avortement : « Il revient à notre époque le privilège d'avoir inventé l'homicide par amour, sa légalisation, voire son remboursement par l'assurance maladie, quand ce n'est pas sa promotion au rang d'une vertu républicaine. Ainsi vivons-nous un retour des surhommes et des sous-hommes, les surhommes obtenant le droit de se débarrasser des sous-hommes avec élégance – puisque par altruisme – dans la bonne conscience empesée des démocraties affaiblies. »

Quatre jours plus tard, le 24 juin 2014, le Conseil d'État va dans le sens du rapporteur et du Dr Kariger. Les dix-sept juges considèrent légale sa décision de mettre fin à l'alimentation et à l'hydratation artificielles de Vincent Lambert. Cette affaire aurait donc pu s'arrêter là. Mais, les recours continuent et les parents de Vincent ripostent le jour même en saisissant la Cour européenne des droits de l'homme (CEDH) afin de faire suspendre l'exécution de cet arrêt pour toute la durée de sa procédure. L'affaire rebondit encore. Le Dr Kariger jette l'éponge, épuisé par les menaces et l'obstination déraisonnable des parents Lambert.

Gérard Chemla, l'avocat de François Lambert, résume ainsi le cercle vicieux dans lequel la justice administrative s'est fourvoyée : « On peut recommencer le même procès à l'infini, développer les mêmes arguments, déclencher les mêmes polémiques et toujours trouver un juge ou un procureur pour vous écouter, voire vous entendre. En France, le juge parle "au nom du peuple français" qui ne l'a pourtant jamais désigné ni adoubé et le procureur de la République se dit la voix de la "société". Le procureur n'est pas le juge qui va prendre le temps de réfléchir aux questions qui lui sont posées et de les trancher. Pour autant, ce type de débordements interroge sur la légitimité du juge et du parquet représentant de la société. »

En juillet 2014, la *Revue générale du droit*[16] consacre un dossier spécial à l'affaire Lambert. En introduction, Philippe Cossalter, professeur de droit public français, donne la mesure de cette affaire « au caractère exceptionnel » qui n'en est qu'à ses débuts : « Si les multiples décisions rendues dans ce drame judiciaire familial apportent de nombreuses réponses juridiques, elles soulèvent également des questions inédites de nature extra-juridique. [...] Jamais depuis 1872, le juge n'avait eu à juger de la légalité d'une décision dont la teneur conditionnait directement la vie d'un être humain. »

16 Dossier général du droit, extrait du numéro de juillet n°07-2014, « Dossier spécial-affaire Lambert ». Universität des Saarlandes.

13. Marie-Geneviève

Mercredi 5 juin 2019, à 16 heures, une belle femme de soixante ans, de grands yeux clairs, les cheveux poivre et sel, m'ouvre la porte de son appartement. Un piano droit Pleyel trône dans son petit salon. Nous nous installons autour de la table ronde en bois. Marie-Geneviève Lambert est la première demi-sœur de Vincent dont je fais la connaissance. Je l'appelle environ un mois et demi avant la mort de Vincent. Nous échangeons un peu au téléphone. Je la sens agacée par les propos déformants de certains journalistes. Mais elle a des choses à dire et voudrait les clarifier. Elle me propose assez vite de venir la rencontrer chez elle, à Paris.

Je vois en évidence, posé sur le rebord d'une grande bibliothèque, le faire-part de mariage de Vincent et Rachel. Au mur, il y a aussi le portrait au fusain du grand-père atypique Henri Lambert, une huile représentant son fils François à quatorze ans. Et de nombreuses photos en noir et blanc de François

Lambert, son fils, et des frères et sœurs Lambert. Je la sens fragile et attentive. Dès les premières minutes, elle m'expose des ancêtres et des parents ayant manqué d'amour, de pères et de structure familiale, tous incapables d'en donner à leur tour. « Se sentir mal, c'est de famille… », souffle-t-elle. Depuis que l'affaire a éclaté, elle est parmi ceux qui affrontent les médias, qui interpellent via des lettres et des tribunes représentants de l'Église catholique, avocats, médecins et politiques. Elle lit beaucoup et s'informe, cherchant, quand elle en a l'occasion, à dissiper les confusions entre arrêt de soins et euthanasie. Je la rassure sur mes intentions. Je lui expose ma démarche. Elle comprend aussitôt. D'emblée, Marie-Geneviève m'offre toute sa confiance.

Nous nous retrouvons une deuxième, une troisième, puis une quatrième fois chez elle ou dans les cafés parisiens. Chaque rencontre est intense. Nous commençons par sa propre histoire. Celle d'une enfant qui apprit très vite à se débrouiller seule. Quand elle accepte de m'accompagner à Châteauroux sur les traces des Lambert et des Philippon, là où tout a commencé, nous faisons le tour de la première maison cossue où ses parents se sont installés en location rue de la République. C'est une maison bourgeoise 1900 au jardin touffu et poétique, à l'origine de sa vocation de paysagiste, dont les étages sont occupés par d'autres locataires. Elle me raconte une anecdote : « Je me souviens que mon père m'emmenait faire le tour du pâté de maisons le soir en jouant à l'aveugle : il me tenait par la main, je devais le suivre, confiante, yeux fermés. J'avais environ huit ans et en garde un souvenir très doux. » Une bienveillance gravée et conservée comme une précieuse petite étoile dans une galaxie sombre et tourmentée. Tout se gâte vers ses dix ans et un déménagement en périphérie de ville, dans la froideur d'une maison neuve et sans âme, Les Tibles, loin de tout, acquise et construite « selon les rêves de ma mère, comme un accès manifeste au milieu bourgeois dont aucun d'eux n'est issu », dit-elle. Les parents sont en conflit constant, dépassés. Marie-Geneviève subit l'ambiance d'une maison où les cris succèdent aux silences pesants. Elle passe ses samedis à faire le secrétariat au cabinet des parents resté en ville. « Mon frère Dominique ne dit plus un mot. Une fois parti faire ses études d'architecture, gagnant son autonomie au plus vite, il endosse le rôle de celui qui pallie la défaillance de parents pris dans leurs propres errances. »

Très jeune, Marie-Geneviève est bonne élève et pratique le piano puis le saxophone. La musique sera son échappatoire. Mais sa fragilité l'attire sans cesse vers les marges. « À partir d'Henri, mon grand-père, il y a comme une transmission d'une forme de clochardisation, analyse-t-elle. Mon père Pierre est une sorte de bourgeois clochard. Ses infirmières le surnommaient Columbo. Sa jeunesse dans une grande pauvreté lui colle à la peau. Il est solitaire, un peu misanthrope. Moi aussi et François aussi. Comme si notre lignée n'appartenait ni à un monde ni à l'autre. Lorsque j'étais à la fac, personne ne comprenait ma situation : j'étais officiellement fille de gynécologues, je devais forcément être bien lotie. En réalité, mes parents ne me donnaient pas d'argent ou à peine : je voyageais en stop sans qu'ils soient inquiets, me nourrissant de ce qui restait dans les plateaux des autres étudiants, je m'habillais chez Emmaüs… » Après des études en sciences naturelles à l'université de Poitiers, elle entre à l'École nationale supérieure du paysage de Versailles. Son diplôme obtenu, elle suit un cursus de chant lyrique au Conservatoire du 13e arrondissement de Paris. Mal dans sa peau, Marie-Geneviève fréquente les quartiers interlopes de la capitale et traîne à Barbès. Elle croise dans le métro le chemin d'un homme qui chante pour gagner sa vie, il l'invite à manger des frites, elle se sent redevable et le suit. C'est ainsi qu'elle tombe enceinte. Elle n'a que vingt et un ans. « Outre le tabou de l'IVG dans lequel j'avais grandi, j'avais intégré le mythe familial de l'enfant cadeau et de l'accouchement sans douleur. J'avais envie de donner de l'amour, sans doute de rattraper ma propre enfance. J'imaginais que ma vie allait prendre du sens et que tout irait mieux. J'étais d'une effrayante immaturité à l'époque et cela m'étonne encore aujourd'hui. »

Des décennies plus tard, Marie-Geneviève paraît toujours traumatisée par son accouchement. En 1981, ses parents exercent comme gynécologues à Châteauroux. « J'ai cru qu'il était de mon devoir de leur confier mon corps, par loyauté et parce que je ne voyais pas comment faire autrement : ils sont les spécialistes. Lorsque le terme se présente, Pierre Lambert et son épouse, en plein divorce, se retrouvent pour faire accoucher leur fille à l'hôpital. Le 26 janvier 1981, Marie-Geneviève vit un cauchemar. « Lorsque ma mère a accéléré le travail profitant d'une absence de mon père, j'ai souffert horriblement. La péridurale n'était pas encore dans les usages à Châteauroux. J'ai cru que j'allais mourir. Je hurlais de douleur. J'ai su par la suite que tout le monde m'avait entendue dans les couloirs. C'était l'effarement. Tandis que ma mère appuyait de tout son poids sur mon ventre, mon père a extrait François au forceps, en tirant comme jamais. Ce fut une boucherie dont il fit des cauchemars pendant des mois. L'extrême difficulté de l'expulsion provoque un hématome interne empêchant l'urine de s'évacuer. Pendant deux jours, jusqu'à ce que je sois sondée, je subis des contractions de plus en plus violentes. De cette période tellement douloureuse, je garde le souvenir de ma mère, ravie de ce petit-fils venant opportunément compenser les enfants de mon père dont elle venait d'apprendre l'existence, et qui me sermonnait d'oser me plaindre avec un si beau bébé. »

Quelques mois plus tard, Pierre Lambert propose à sa fille de reconnaître l'enfant « pour me protéger du père que je redoutais. J'ai refusé bien sûr. Depuis petite, ma mère me disait que j'étais pour mon père la femme de sa vie ! Elle, qui n'a pas eu de père, considérait qu'on ne pouvait que s'en réjouir. Bien que toujours décrite comme rebelle, j'étais le jouet torturé mais consentant de la folie de mes deux parents. » Dès sa grossesse et jusqu'aux trois ans de François, qui coïncident avec l'obtention de son diplôme, elle vit uniquement de l'allocation de parent isolé, ce qui lui offre une prise d'indépendance. Elle tente de mener sa vie d'architecte paysagiste à Paris, occupant un studio de 14 m^2 jusqu'aux six ans de François. Là, son frère Dominique aménage au-dessus de la douche une petite « cage » qui fait office de lit pour le petit. « Pendant des années, je l'ai couché là, fermant la porte avec un cadenas de peur qu'il tombe… Ce n'était pas commode », reconnaît Marie-Geneviève. Depuis le Canada, le père de François, Robert Abitbol, le reconnaît bien des années plus tard. François et Vincent ont bien des points communs. Leur enfance n'a pas été des plus tendres. La référence paternelle a largement manqué, l'un par l'absence, l'autre par la confusion. Avec Marie-Geneviève, Viviane partage ses inquiétudes de mère : « Je me souviens, Viviane m'a dit : "Je redoute qu'il arrive un jour quelque chose de catastrophique à Vincent." C'est vrai que Vincent jouissait de l'interdit. C'était une tête brûlée. »

Mère isolée, Marie-Geneviève fait le choix, malgré des rapports compliqués avec ses parents et sa belle-mère Viviane, de maintenir un lien pour que François passe du temps avec ses « oncles et tantes ». « Je confiais François à Viviane pour qu'il puisse aller en vacances à Rethel avec Vincent, Marie, Anne et Joseph. Quitte à parfois glisser un billet de participation financière pour appuyer la demande, lorsque Viviane résistait, fatiguée, et redoutant l'esprit provocateur du petit Parisien volontiers insolent. » François confirme ces moments heureux passés à Rethel dans la maison de son grand-père. « Chaque été en juillet, on allait à la fête de Sainte-Anne. Il y avait des forains. C'était la liberté », me dit-il avec un grand sourire. Le futur avocat, féru de psychanalyse, ne peut s'empêcher d'ajouter : « Bien sûr, on faisait des bêtises avec Joseph. Lui se faisait frapper. Mais avec moi, Viviane n'osait pas. Une fois je suis rentré de vacances chez ma mère et quelques jours plus tard, Viviane lui envoie par la poste une revue expliquant comment faire exorciser son enfant ! Je crois que ma mère ne l'a pas très bien pris. » À l'inverse, pour les enfants de Pierre et Viviane, le petit-neveu représente une bouffée d'air. Marie Lambert se souvient des vacances à Paris comme d'une ouverture d'esprit extraordinaire : « Marie-Geneviève et Dominique nous emmenaient dans les musées, c'était chouette, on était ravis. On faisait les quatre cents coups avec François et ça nous libérait un peu du carcan dans lequel on était plongés. On voyait François comme quelqu'un de libre. Cela dit, ma mère donnait toujours des instructions et le contrat consistait à nous emmener à la messe le dimanche à Saint-Nicolas-du-Chardonnet », principal lieu de culte parisien du mouvement catholique traditionaliste, proche de la Fraternité Saint-Pie X.

Ce n'est peut-être pas un hasard si Marie-Geneviève choisit, à l'âge de trente-six ans, de se reconvertir pour devenir infirmière. Curieusement, ils sont nombreux dans cette famille à avoir choisi des métiers du soin, de la réparation et de la transmission : Frédéric travaille dans une maison de retraite, Anne est aide-soignante, Marie est institutrice en maternelle, Joseph est professeur d'histoire, Vincent était infirmier. François, à sa manière, a pris soin de Vincent en devenant son avocat. Il a plaidé jusqu'au bout pour ne pas oublier l'homme, le Vincent avec qui il partageait ce même regard noir et désabusé sur le monde, ce besoin de choquer pour se sentir exister. Jusque-là au RSA, François Lambert obtient le barreau en 2017. En stage de fin d'études au tribunal administratif de Paris puis, jusqu'à juillet 2019, dans un cabinet privé, il est sur le point de devenir avocat.

C'est lui, le neveu, que je rencontre le premier. Celui qui m'a dévoilé l'histoire de la famille Lambert. Nous sommes en janvier 2019. Sur ma boîte mail, depuis 2014, les piqûres de rappel judiciaires prennent la forme de messages électroniques émanant de François Lambert. Il envoie de longs messages, parfois très pointus et abscons, pour donner aux journalistes des nouvelles des procédures. Il fait partie de ceux qui n'ont jamais souhaité laisser végéter Vincent sur un lit d'hôpital. Je l'imagine assez âgé ce neveu, solitaire et un peu brut de décoffrage. Depuis des mois, l'affaire Lambert suit son cours. En janvier 2019, par sa ténacité et son obstination, le neveu a fini par m'intriguer presque plus que l'affaire judiciaire. Machinalement, je tape son nom sur Internet et j'atterris sur sa fiche professionnelle LinkedIn : « stage en cabinet d'avocat chez Me Chemla, ACG avocats et associés », à Reims.

Le 24 janvier 2019, je me lance et lui propose de réaliser un portrait de lui. J'émets l'hypothèse que l'histoire de son oncle a influé sur le cours de sa vie et que sa vocation d'avocat est née lorsque Vincent a été rebranché à cause de ses parents. Sa réponse ne se fait pas attendre. Une heure après, il me confirme : « Bonjour Ixchel Delaporte, je me souviens de vous, il me semble que c'est vous qui m'aviez lu la décision du tribunal administratif de Châlons en janvier 2014, au téléphone, quand les médias me demandaient de la commenter. Vous n'avez pas tort du tout sur le changement de trajectoire. Nous pouvons nous voir pour un portrait quand vous le souhaitez. » Je ne me souviens pas l'avoir appelé en 2014. Je fais un effort de mémoire et retrouve l'article que j'ai écrit dans *L'Humanité*, journal où je travaillais à l'époque : « Une décision contre l'avis de Vincent », publié le 17 janvier 2014, où je parlais « d'euthanasie passive ». Le tout premier écrit sur cette affaire dans ce journal. Depuis cette date, comme beaucoup d'autres journalistes, j'ai écrit à maintes reprises sur les rebondissements, tous aussi inattendus les uns que les autres. L'affaire me travaille depuis toutes ces années et je parviens enfin, en 2019, à lui donner un visage avec ce fameux neveu.

Dimanche 3 février 2019, place de la République à Paris. On s'installe dans un café et je commence par interroger François sur le début de son engagement dans l'affaire. Ses réponses ne sont pas formatées. Il me parle en vrac d'obstination déraisonnable, de son arrière-grand-père anarchiste Henri Lambert, de ses liens avec ses jeunes oncles Vincent et Joseph Lambert ou encore des rapports entre la famille Lambert et la Fraternité Saint-Pie X. Je me perds dans les prénoms. En fait, je ne comprends pas tout. François Lambert parle par ellipses. Sur mon cahier, des mots-clés s'enchaînent en désordre. Je n'arrive pas à suivre au point que, au bout de deux heures, nous n'avons pas fait le tour de l'affaire Lambert. Il m'a fallu des dizaines de questions par mail, le lendemain, pour clarifier mes notes. Je suis sonnée par la complexité familiale.

Lorsque Vincent Lambert se retrouve tétraplégique, François Lambert a vingt-sept ans. Ils n'ont que quatre ans et demi de différence. À cette époque, François étudie le cinéma à l'université, passionné d'écriture de scénarios, loin d'imaginer les répercussions de cet accident sur sa propre vie. Onze ans plus tard, il est sur le point de devenir avocat et termine son dernier stage chez Maître Chemla à Reims, son propre avocat dans « l'affaire Lambert ».

Depuis tout jeune, François Lambert s'est toujours senti en phase avec son jeune oncle, Vincent. Les deux, nés à Châteauroux, sont un peu sauvages et timides. Les deux ont manqué de père. Les deux sont dotés du même esprit critique, avec un goût prononcé pour l'humour noir. Et il en faut dans cette famille-là. « Vincent était à fleur de peau, comme moi. On se retrouvait bien dans notre sentiment latent de rébellion, plus caché chez lui que chez moi », confie François. Après l'accident en 2008, il rend régulièrement visite à son oncle. « J'y allais toutes les semaines, je lui parlais, je lui faisais des massages. Je logeais chez sa femme Rachel ou chez sa sœur

Marie. J'avais l'impression qu'il avait des mouvements de tête. Il réagissait à des musiques ou à des bruits. Mais il fallait aussi éviter les surinterprétations. Après, j'y allais tous les mois, puis tous les trois mois... Au nom du doute et de l'apaisement, Viviane et Pierre se battent pour garder leur fils en vie, me dit François, parlant déjà comme un avocat. Mais c'est au contraire le mépris de la parole et le triomphe des non-dits. Avec Vincent, nous sommes le symptôme de nos parents. »

Le 16 mai 2013, lorsque François Lambert découvre l'offensive médiatique orchestrée par les parents de Vincent sur RTL, son sang ne fait qu'un tour : « J'ai passé des heures aux standards des radios et des journaux à essayer d'avoir accès aux journalistes pour contrer l'idée "du condamné à mort". Je n'arrivais pas à faire passer un autre son de cloche pour remettre enfin Vincent et ses droits au centre des débats. J'étais bouleversé et confus. » À partir de cette date, François Lambert n'a plus jamais eu besoin de courir après les médias. À chaque fois que l'affaire rebondit, ce sont les journalistes qui le sollicitent. « J'ai appris à parler, à expliquer l'affaire clairement et à ne pas être intimidé. » Dans une lettre de trois pages adressée à Maître Triomphe, mais qu'il n'enverra jamais, François décrypte avec minutie l'édifice idéologique de la Fraternité Saint-Pie X et les arguments de l'avocat d'extrême droite. « Vos préceptes ont frustré et étouffé Vincent, mais à l'inverse de vous, Vincent en avait conscience et ne voulait pas en jouir. Un combat pour la vie dites-vous ? Sa mère a récupéré son fils devenu son favori depuis qu'il ne peut plus parler, et pour cela, sur les six enfants qui étaient encore susceptibles de lui parler, elle en a perdu quatre qui ne lui pardonneront jamais de leur imposer son incapacité à elle de faire le deuil. »

En 2013, la trajectoire professionnelle de François bascule. À force de lire de volumineux mémoires d'audience, l'opiniâtre François Lambert devient spécialiste de l'affaire et décide de se battre pour la dignité de son oncle. Resté en dehors du conflit jusque-là, mais bien présent auprès de Vincent les dernières années, il n'hésite plus lui non plus à entrer dans l'arène médiatique aux côtés de certains frères et sœurs. François se plonge dans les arcanes juridiques de la décision de Châlons. Le dimanche 12 mai 2013, il décide d'entamer des études pour devenir avocat. Et demande aussitôt à intégrer les collégiales. Redoutant un ennemi de plus, les parents de Vincent refusent sa présence et, pour ne pas envenimer les échanges, le Dr Kariger cède. À la rentrée universitaire, âgé de trente-deux ans, il s'inscrit en droit par correspondance à l'université Panthéon-Sorbonne. Malgré son aversion pour la chose « scolaire », il s'accroche et prouve, surtout lors des stages pratiques, ses compétences.

Procédures contestant les décisions des différents médecins responsables de Vincent Lambert, procédures liées à la désignation d'un tuteur, procédures liées à la demande de transfert dans un autre établissement, procédures du neveu, de l'épouse, procédures pénales des parents… Avec aisance et précision, François Lambert reprend le fil d'une longue histoire judiciaire qu'il aimerait voir terminée pour de bon. « Les pro-vie parlent d'apaisement, c'est un langage piège. Car ils laissent sous-entendre que Rachel ou moi-même avons un projet de mort pour Vincent. Ce qui est faux. Pour ce qui est de la loi Leonetti, si elle est un instrument pour lutter contre l'euthanasie, elle n'en est pas un pour lutter contre l'acharnement thérapeutique. Or, c'est exactement de cela que souffre

Vincent, d'un véritable acharnement. » François Lambert regrette la violence utilisée par Viviane contre Rachel. « Ils sont allés jusqu'à la faire suivre par un détective privé pour voir si elle n'avait pas un amant et ainsi l'accuser de vouloir se débarrasser de Vincent. Et après ils sont choqués parce que Rachel refuse de leur faire la bise… », relate-t-il sans tabou.

En 2014 et 2015, le Conseil d'État puis la Cour européenne des droits de l'homme jugent finalement conforme à la loi le protocole de fin de vie mis en place pour Vincent Lambert. En 2016, le juge des tutelles de Reims place Vincent Lambert sous la tutelle de son épouse, Rachel. Le 9 avril 2018, le Dr Sanchez, médecin de Vincent Lambert ayant succédé aux Dr Kariger et Simon, se prononce pour la fin des traitements à l'issue de la quatrième procédure collégiale. Puis, les parents déposent de nouveau un recours devant le Conseil d'État. Rejeté. Quelques jours plus tard, sur la place Saint-Pierre au Vatican, le pape François affirme vouloir « attirer de nouveau l'attention sur Vincent Lambert et sur le petit Alfie Evans », un bébé britannique de vingt-deux mois hospitalisé en état semi-végétatif. Ajoutant : « Je voulais répéter et confirmer de manière forte que le seul maître de la vie, du début jusqu'à la fin naturelle, est Dieu. Et notre devoir est de tout faire pour protéger la vie. » Le même pape qui a décidé de reconnaître sur certains points la Fraternité Saint-Pie X, longtemps frappée d'excommunication par le Saint-Siège. Entre janvier 2019 et juillet 2019, les voies de recours s'épuisent les unes après les autres. Les parents et leurs avocats se lancent dans une course contre la montre. Je ne compte plus le nombre de procédures engagées par Viviane et Pierre pour retarder la décision d'arrêt des soins : recours en référé auprès du tribunal de Châlons, demande de dépaysement de la procédure, appel devant le Conseil d'État, demandes de mesures provisoires de nouveau devant la Cour européenne des droits de l'homme, saisie de la cour d'appel de Paris et enfin recours auprès du Comité des droits des personnes handicapées de l'ONU.

Déterminé mais prudent, François se bat pied à pied. Ne lâche rien. Mais ne fait de cadeau à aucun camp. Très remonté contre « l'opacité et la toute-puissance dont le Conseil national de l'ordre des médecins a fait preuve dans cette affaire », François Lambert critique autant le contrôle total sur le patient que « s'arrogent » les médecins. « Même avec une directive anticipée sur ce que l'on souhaite pour sa propre mort, le médecin finit toujours par décider ce qu'il fera de vous. Et il reste intouchable, sauf s'il décide d'arrêter des traitements. C'est la même volonté d'opacité, de mépris des proches et de contrôle qui a déclenché l'affaire en 2013 et qui a décidé de la reprise de l'affaire en 2015, alors qu'objectivement, tout avait été fait pour Vincent et qu'il n'y avait aucune raison pour que ça continue, sauf à se complaire dans le sordide pour ensuite s'en plaindre. » François Lambert me dit espérer simplement que « le cas de Vincent ne serve pas à rien ».

14. Le débat

Dans les repas de famille, au bureau, au bistrot ou dans les soirées entre amis, l'histoire de Vincent Lambert arrive tôt ou tard dans les conversations. On juge, on débat, on s'interroge. Qu'aurais-je fait à la place de la mère ? Qu'aurais-je fait à la place de l'épouse ? Qu'aurais-je voulu pour moi-même ? Au gré des pics médiatiques, des vidéos postées par la mère de Vincent, des tribunes de médecins pour un camp ou un autre, des tribunes de hauts dignitaires de l'Église ou de membres de la famille, l'affaire Lambert s'est installée durablement dans le paysage politique et médiatique français. Sans doute parce que la figure d'un homme sans liberté, dont le destin est suspendu au bon vouloir de juges, est devenue le point névralgique à partir duquel se déploient des enjeux sociétaux qui nous dépassent et nous concernent tous.

Comment une affaire comme celle-là, menée à l'extrême par certains de ses protagonistes, révèle-t-elle de profonds tabous sur la mort, bien enracinés dans la société française ?

C'est vrai, Vincent n'est pas en fin de vie comme le serait une personne gravement malade. Il n'est donc pas ici question d'euthanasie. Pourtant, le débat se cristallise autour de ce sujet précis. Ce sont notamment les pro-vie qui l'ont imposé ainsi, prenant dès 2013 l'opinion publique à partie. Le drame humain, familial et médical touche en plein cœur. Chacun émet des souhaits sur sa fin de vie, anticipe sur de futures souffrances que la majorité espère bien logiquement les plus brèves possibles. L'affaire Lambert inquiète car elle tend un miroir d'indécision sur le droit à la vie et le droit à la mort.

Début juin 2019, je prends l'initiative de contacter Didier Sicard, médecin et président du Comité consultatif d'éthique de 1993 à 2008. En juillet 2012, il est désigné par François Hollande pour coordonner une commission chargée de réfléchir sur les modalités d'assistance au décès pour les personnes en fin de vie, engagement numéro 21 du candidat Hollande. La commission rend son rapport le 18 décembre 2012, soit quatre mois avant que n'éclate l'affaire Lambert. Le rapport Sicard écarte la possibilité de l'euthanasie mais entrouvre la voie à une forme de suicide assisté, qui consiste à délivrer sur ordonnance des produits létaux, sous certaines conditions, que le patient peut choisir ou non d'utiliser. Pour ces raisons, Didier Sicard devient l'un des experts les plus sollicités tout au long de l'affaire Lambert.

Nous avons rendez-vous dans un bistrot parisien, le 28 juin. Au début de notre entretien, Didier Sicard paraît un peu circonspect sur mon projet de livre. Finalement, nous entamons un dialogue approfondi et contradictoire sur les questions éthiques que soulève cette affaire. Didier Sicard, comme beaucoup d'avocats, de médecins et de juges, m'assure que la loi

Claeys-Leonetti[17], que l'on appelle Lambert 2, n'est pas en cause dans ce cas particulier. Suite aux démêlés judiciaires de l'affaire Lambert, cette loi Claeys-Leonetti, datée de 2016, a apporté des modifications à la loi Leonetti, notamment sur les soins palliatifs, les directives anticipées[18] (qui sont censées s'imposer au médecin) et la personne de confiance, désignée par le malade, dont le témoignage prévaut sur tout autre[19].

---

17 Suscitée par l'affaire Lambert, une deuxième loi sur la fin de vie est promulguée le 2 février 2016. La loi Claeys-Leonetti, dite « petite loi », crée de nouveaux droits en faveur des personnes malades et des personnes en fin de vie, complétant ainsi la loi Leonetti de 2005. Le Code de la santé intègre de nombreuses précisions relatives au cadre juridique applicable à la fin de vie. La loi clarifie les conditions de l'arrêt des traitements (par exemple, la nutrition et l'hydratation artificielles constituent des traitements qui peuvent être arrêtés lorsqu'ils résultent d'une obstination déraisonnable). Elle instaure également un droit à la sédation profonde et continue jusqu'au décès. Elle renforce le rôle de la personne de confiance, puisque son témoignage prévaut sur tout autre. Et enfin, la loi renforce la portée des directives anticipées : elles l'emportent sur l'avis de la personne de confiance ou, à défaut, l'avis de la famille ou des proches. Elle améliore et valorise également la rédaction des directives anticipées désormais révisables et valables à vie.

18 Les directives anticipées peuvent être rédigées par toute personne majeure. Cette déclaration écrite permet à la personne concernée d'indiquer à l'avance si elle souhaite limiter ou arrêter les traitements ou actes médicaux qu'elle pourrait recevoir en fin de vie, si elle était incapable d'exprimer sa volonté. Les directives anticipées s'imposent au médecin pour toute décision d'investigation, d'intervention ou de traitement, sauf : en cas d'urgence vitale pendant le temps nécessaire à une évaluation complète de la situation ; et lorsque les directives anticipées apparaissent manifestement inappropriées ou non conformes à la situation médicale. Elles sont révisables et révocables à tout moment et par tout moyen. Suite à la médiatisation de l'affaire Lambert, près de 13 % des Français ont exprimé leur volonté dans des directives anticipées entre 2018 et 2019, contre moins de 5 % au début des années 2010. On peut trouver des modèles de directives anticipées pour exprimer sa volonté sur la fin de vie sur le site du ministère des Solidarités et de la Santé.

19 « Toute personne majeure peut désigner une personne de confiance qui peut être un parent, un proche ou le médecin traitant et qui sera consultée au cas où elle-même serait hors d'état d'exprimer sa volonté et de recevoir l'information nécessaire à cette fin. Elle rend compte de la volonté de la personne. Son témoignage prévaut sur tout autre témoignage », extrait de l'article 9 de la loi Claeys-Leonetti.

Toutefois, malgré ces modifications, dans le cas de Vincent Lambert, les questions demeurent entières, puisqu'il n'a pas déposé de directive anticipée et qu'il n'est pas en mesure de désigner une personne de confiance… J'ai lu çà et là qu'il n'y aurait pas eu d'affaire Vincent Lambert s'il avait écrit ses directives. Or, celles-ci n'auraient pas empêché une partie de la famille de porter des recours devant la justice.

« Le destin de ce pauvre Vincent Lambert a été instrumentalisé par des conflits idéologiques, m'explique Didier Sicard, ce qui a suscité des conflits insolubles et des apories. Sur le plan légal, une loi doit s'appliquer mais son application ne peut pas toujours résoudre des cas particuliers. La fonction des juges est d'interpréter la loi dans son esprit et pas dans sa lettre. » Je l'interroge alors sur la formation médicale des jeunes médecins, durant laquelle le sujet de la fin de vie et de l'impuissance à guérir n'est jamais abordé. Le Dr Kariger, premier médecin de Vincent, m'avait dit, lors de notre entretien, que les médecins français étaient formatés à « s'acharner pour la vie ». Didier Sicard confirme que l'histoire de la médecine française a imprimé une marque profonde dans sa relation au malade : « La France est le pays de l'acharnement thérapeutique. La médecine française a une histoire positiviste et scientiste. Elle considère le progrès médical comme toujours porteur d'un bienfait et la clé de la résolution de tous les problèmes. Par conséquent, tout ce qui est inaccessible aux traitements efficaces, à la performance thérapeutique et à la guérison est vécu comme un embarras, voire un échec. J'avais coutume de dire aux étudiants de médecine, qui le recevaient assez mal, qu'on commence à être médecin le jour où on est impuissant à guérir. »

Je poursuis mon raisonnement : si le médecin a le dernier mot mais qu'il ne peut pas toujours guérir, pourquoi est-il, y compris dans la loi Claeys-Leonetti, le détenteur de la décision finale d'en finir ou non ? La loi dite Kouchner de 2002 a redonné théoriquement au malade une forme de pouvoir : il peut consentir ou non à tout acte qui lui est proposé. Pourquoi alors le patient n'a-t-il toujours pas son mot à dire ? « Parce que le patient reste dans une situation asymétrique dans les mots, les connaissances, les larmes et la réalité des actions. » Mais alors à quoi servent les rapports sur la fin de vie s'ils ne sont pas suivis d'effet ? « L'éthique, me répond-il, est de rendre le tragique moins tragique mais elle ne peut pas le supprimer. La loi Leonetti s'appliquait parfaitement à la situation de Vincent Lambert. Mais les critères de "l'obstination déraisonnable" ne pourront jamais être définis par la loi. Deux malades identiques ne pourront jamais faire l'objet de la même décision. »

En 2015, lorsque le Dr Daniela Simon prend la suite du Dr Kariger à l'hôpital de Reims, Rachel Lambert espère voir le bout du tunnel. La Cour européenne des droits de l'homme valide le 5 juin 2015 la décision du Conseil d'État de cesser les traitements, considérant qu'il n'y a pas violation de la Convention européenne des droits de l'homme. Le jour même, les parents et leurs avocats abattent une première carte et organisent une mise en scène. Emmanuel Guépin, qui se présente comme un camarade de classe de Vincent, accompagné par Pierre Lambert et David Philippon, se rend à l'hôpital et réalise une vidéo qu'il poste sur YouTube, où l'on voit Vincent Lambert, les yeux ouverts. On approche de son oreille un téléphone portable. À l'autre bout du fil, Viviane, sur haut-parleur, lui annonce la décision de la Cour européenne des droits de l'homme. « Bonjour Vincent, je t'appelle de Strasbourg. Les nouvelles ne sont pas bonnes, nous sommes toujours là à côté de toi. On te porte, on continue. On va te faire sortir de là, c'est injuste. Je t'aime Vincent. Je t'aime et on va se battre. Ne t'inquiète pas [...] » Rachel et des médecins d'autres hôpitaux réagissent, consternés par de telles méthodes. Le Dr Kariger, interrogé dans la presse, tente de faire de la pédagogie : « Ces malades sont effectivement perturbants pour le commun des mortels que nous sommes. On a le sentiment qu'ils réagissent à leur environnement, puisque toutes les informations sensorielles arrivent à leurs cerveaux. [...] On ne peut pas faire de déni de réalité. Je rappelle que les meilleurs experts ont donné un regard sur cette situation. Et malheureusement, le diagnostic et le pronostic qui ont été confirmés, c'est l'état végétatif grave et irréversible. Ça s'appelle de la manipulation. » Le professeur Bernard Devalois, chef de l'unité des soins palliatifs de l'hôpital de Pontoise, se dit « scandalisé » par la diffusion de la vidéo, qu'il qualifie lui aussi de « manipulation politico-religieuse ». Le Dr Louis Puybasset, chef de service du Département d'anesthésie-réanimation de l'hôpital de la Pitié-Salpêtrière, réprouve la diffusion de ces images. Mais surtout, les réactions d'un journaliste de BFM TV, visiblement troublé par la vidéo, doutant de son état végétatif, poussent le médecin à préciser que Vincent est représentatif des cas de patients végétatifs : « L'état végétatif n'est pas le coma. Le patient végétatif ouvre spontanément les yeux et retrouve un rythme veille / sommeil. Il réagit au bruit. Quand on lui tend le téléphone, il ne comprend pas ce que sa mère lui dit et ne reconnaît pas la voix. Il fixe son frère mais n'a pas conscience qu'il s'agit de son frère. Ce patient a reçu une IRM et des examens électro-physiologiques à la Pitié qui ont démontré cela il y a six mois. C'est impossible après ce trauma crânien que sa situation s'améliore. Il ne réagit pas à un ordre. Cela relèverait éventuellement d'un état pauci-relationnel. Ce n'est pas le cas. Cliniquement, cette vidéo, par ailleurs illégale, prouve qu'il est végétatif chronique. »

Nous sommes en juillet 2015, un mois après la décision de la Cour européenne des droits de l'homme. Tous supposent que le Dr Simon, appuyée par cette récente décision de poids, annoncera l'arrêt des soins. C'est sans doute pour cette raison que la pression religieuse s'accentue. Dans une tribune publiée sur le site Internet du diocèse de Lyon, le 21 juillet 2015, le cardinal Philippe Barbarin, archevêque de Lyon, mais aussi les évêques de Saint-Étienne, Annecy, Grenoble, Valence, affirment leur soutien total aux parents de Vincent : « En lui donnant la nourriture et l'hydratation nécessaires, ceux qui prennent soin de lui respectent simplement le cours de cette vie dont le mystère nous échappe et dont le terme n'appartient à personne, estiment les signataires. En union avec beaucoup d'autres, croyants ou non, nous lançons un appel aux autorités politiques, juridiques et médicales. Que ceux qui ont à en juger sachent que derrière la personne de Vincent Lambert, c'est le symbole de la vie la plus fragile qui est en jeu pour l'avenir de notre société. »

Le 23 juillet 2015, l'hôpital fait marche arrière. Il dénonce « des pressions extérieures » et considère que les « conditions de sérénité et de sécurité nécessaires tant pour Vincent que pour l'équipe médicale » ne sont pas réunies. Le Dr Simon suspend la procédure d'arrêt des soins et saisit la justice pour nommer un tuteur. Ce même 23 juillet, un groupe d'activistes intégristes entre dans l'enceinte de l'hôpital et bloque certains accès. Ils portent des t-shirts blancs, avec le visage sérigraphié de Vincent, la tête penchée, couleur orange. On peut lire : « Il se tait. On le tue. Ne nous taisons pas. » Les militants forment une haie d'honneur. Viviane et Pierre Lambert, et le fils de Viviane, David Philippon, sont applaudis, accueillis en héros à leur entrée au CHU. L'icône Vincent Lambert émerge pour la première fois face aux caméras.

À la sortie de l'entretien avec le Dr Simon, Viviane paraît avoir gagné une bataille : « Dans l'immédiat, c'est un grand soulagement », dit-elle aux caméras, souriante. À ses côtés, Pierre Lambert, le père de Vincent, ajoute : « Le docteur Simon nous a parlé d'un projet d'enlèvement de Vincent. Mais quand nous l'avons interrogée, elle n'a pas voulu en dire plus… » Quelques minutes avant, face à la famille, le Dr Simon évoque effectivement des risques d'enlèvement pour Vincent et des menaces physiques pesant sur l'équipe médicale. Interrogé par une radio, François Lambert confirme et dénonce : « Ces menaces émanent d'un lobby que l'on connaît très bien. On vit dans un territoire occupé par l'intégrisme catholique ! »

Cette journée fut éprouvante pour Marie Lambert, qui en garde un souvenir douloureux : « Ils ont fait leur show devant les médias avec les t-shirts. Ils ont instauré un climat de tension. Le coup de force a fonctionné. Ma mère jouait son rôle de mère combattante. J'étais découragée. Je ne voulais plus parler. Je ne voyais plus d'issue. Je me suis rendu compte que notre histoire était de plus en plus instrumentalisée par les pro-vie. Ce jour-là, on a franchi un cap. »

En effet, le camp des pro-vie s'organise. Un compte Facebook « Vincent Lambert, comité de soutien » ouvre le 30 août 2015 et on y voit des photos et vidéos de cette journée de mobilisation. Un site Internet jesoutiensvincent.com est créé et lance une pétition « Sauver Vincent, tout simplement », qui commence ainsi : « Nous, hommes et femmes responsables, refusons l'instrumentalisation indécente de la situation de Vincent Lambert. Nous refusons que chaque développement de cette affaire fasse l'objet d'une récupération politique et militante [...] Avec Vincent, nous voulons soutenir les 1 700 personnes en état de conscience altérée en France mais aussi toutes les personnes atteintes de handicap. En situation de grande vulnérabilité, Vincent est pour nous un intouchable. »

Dès cette époque, Maître Gérard Chemla, avocat rémois de François Lambert, décrypte sur son mur Facebook la stratégie de ces militants gonflés à bloc par cette nouvelle croisade : « La mécanique qui fonctionne depuis près de quatre ans est bien rodée : 1) Inviter ceux qui n'en ont pas la compétence à poser un diagnostic, faisant croire que les médecins ne peuvent pas être crus dans leurs expertises ("personne ne peut savoir", "et si un jour il se réveille ?", "ils ne veulent pas désavouer leur confrère"). On invite donc le spectateur (car nous avons été transformés en spectateurs arbitres), voire les juges, à substituer son avis au diagnostic. 2) Utiliser des images chocs : sachant qu'ils vont s'adresser à des spectateurs manipulables, les animateurs du mouvement d'opinion contre l'arrêt des soins vont utiliser des images permises par l'état bien particulier de Vincent Lambert pour nous persuader qu'il a conservé sa conscience. 3) Mettre en place un rapport de force transformant le professionnel en criminel : en attaquant directement le professionnel, en le présentant à la vindicte populaire, on le déstabilise alors qu'il essaye simplement d'accomplir sa profession avec humanité et dans le respect d'une loi difficile (et un peu hypocrite). 4) Présenter en parallèle une solution d'apaisement qui permet aux "spectateurs" d'y trouver leur compte. Les parents clament haut et fort que si on ne veut plus soigner leur fils, qu'on le leur rende, ils s'en occuperont. Ainsi proclament-ils que leur fils leur appartient. Quel adulte marié et père de famille accepterait aujourd'hui qu'on dise qu'il appartiendrait à ses parents ? Pour éliminer l'avis de sa femme, ils la traitent de menteuse et laissent supposer qu'elle aurait un intérêt financier (ou pire, sexuel) à un décès qu'elle souhaiterait de façon égoïste. ET ÇA MARCHE !!!! […] Au fait, avez-vous rédigé vos directives anticipées ? Gérard Chemla ». Vincent devient icône et martyr, malgré lui, encore et toujours.

Très circonspects sur l'efficacité de la loi, les avocats qui ont eu à défendre la partie de la famille qui souhaitait laisser mourir Vincent opposent aux arguments des pro-vie bien des doutes. L'avocate de Rachel Lambert accorde peu d'entretiens aux médias mais elle accepte de me recevoir dans son cabinet à Reims. Maître Sara Nourdin considère que la loi Leonetti est « hypocrite » : « Les cérébro-lésés ne sont pas la cible principale de la loi. Cela crée un flou au moment de l'interprétation de l'obstination déraisonnable en l'absence de directives anticipées. Malgré la reconnaissance de son statut de tutrice de Vincent, Rachel Lambert a dû attendre longtemps avant que le Dr Sanchez ne convoque une nouvelle collégiale. C'est François Lambert qui l'y a contraint. Par ailleurs, je trouve très critiquable qu'à l'arrivée d'un nouveau médecin, il faille repartir de zéro sans tenir compte des examens et décisions passées. Je pense que cette caducité de la décision du précédent médecin constitue un obstacle juridique majeur. En empêchant le nouveau médecin de s'approprier la décision de son prédécesseur, on ouvre de nouveau à l'encontre de sa "nouvelle décision" toutes les voies de recours et sur ce point, la loi Claeys-Leonetti aurait à changer. C'est une faille qui a fait perdre beaucoup de temps et qui a engendré beaucoup de souffrance pour les proches. »

Le 9 juillet 2019, deux jours avant le décès de Vincent et alors que les parents annoncent la fin des recours, j'ai rendez-vous à Reims dans le cabinet de l'avocat de François Lambert, Maître Gérard Chemla. Cet avocat rémois plaide ouvertement pour la légalisation de l'euthanasie. Peu nombreux sont ceux qui affichent de telles positions aujourd'hui en France. « C'est un problème de mentalité. On est dans une approche jésuite de la médecine. Quand le patient est en sédation profonde, on sait qu'on organise la fin de sa vie mais on ne va pas pousser sur la seringue. C'est une hypocrisie intellectuelle. En France, on a une limite à notre capacité à affronter les choses. Une médecine qui n'admet pas la mort, c'est incompréhensible. On sait tous que, pendant des années, les médecins ont euthanasié de façon habituelle et discrète des milliers de patients. Tant qu'on n'en parle pas, ça passe, sinon le médecin se retrouve devant la cour d'assises. » Lui aussi porte, en tant qu'avocat, plusieurs critiques à l'endroit de la loi Leonetti. « Leonetti est médecin, donc il a réfléchi comme un médecin. De même qu'on ne doit pas confier l'éthique aux religieux, on ne doit pas confier les lois à des médecins. Dans la loi Leonetti 1, les directives du patient ne s'imposaient pas au médecin et elles devaient dater de moins de trois ans. Avec la loi Claeys-Leonetti, modifiée à cause de l'affaire Lambert, le médecin doit enfin prendre en compte cette directive anticipée. Et il a aussi fallu que l'on clarifie, par la décision de la Cour européenne des droits de l'homme, que la poursuite de l'alimentation et des traitements relèvent bien de l'obstination déraisonnable. Mais on reste sur la crête sur l'euthanasie. » Fin mai 2019, Maître Chemla a déposé une plainte auprès du procureur pour « délit d'atteinte à l'image d'une personne hors d'état de se protéger », visant les magistrats et les avocats qui ont diffusé une vidéo de Vincent sur son lit d'hôpital lors de l'audience du 20 mai 2019 à la cour d'appel de Paris.

Au sein de la famille Lambert, Viviane a bien tenté de faire changer d'avis certains pour qu'ils rejoignent son combat. En particulier Frédéric Philippon, l'ex-moine. Qui a reçu des appels d'anciens amis pour le persuader et des lettres de moines du Barroux. « Avec la formation religieuse que j'ai reçue et que je n'ai pas abandonnée, ils pensaient que je serais de leur côté. Je ne suis pas pour l'euthanasie. Mais quand je suis allé à l'hôpital et que j'ai demandé si une sédation profonde était une euthanasie, les médecins m'ont répondu qu'il s'agissait de faire cesser une obstination déraisonnable. Je ne suis pas pour la souffrance ! J'ai travaillé en oncologie, je me souviens d'une femme de quarante-cinq ans qui souffrait le martyre en phase terminale, elle a demandé la sédation et il a fallu insister lourdement auprès du chef de service pour la lui accorder mais quand même, on l'a fait souffrir… Il y a un problème avec la formation des médecins. Je travaille dans un Ehpad comme aide-soignant. J'essaie que les choses se passent au mieux, y compris au moment des fins de vie. Il y a un gros dysfonctionnement dans le monde médical. »

Un prêtre de la Fraternité Saint-Pie X me confie, sous couvert d'anonymat, que la Fraternité n'a pas souhaité prendre des positions officielles en soutien à Viviane et Pierre Lambert pour éviter de « nuire à leur cause ». Néanmoins, ce prêtre a célébré une messe en privé en 2013 pour Vincent : « Nous ne souhaitions pas nous impliquer pour ne pas desservir la cause. La démarche de cette maman me paraît humaine. On ne résout pas tous les problèmes de manière logique et mathématique. » Il m'explique son opposition à l'arrêt des soins de Vincent : « Pour nous, l'âme et le corps sont associés. Cette époque où l'argent et l'utilitarisme sont rois est dangereuse. C'est comme pour l'avortement. C'est une question de noblesse et du regard que nous portons sur nos semblables. Qui eût cru que ce petit Vincent allait déclencher un tel débat ? La réaction de la mère est belle. Il y a de la noblesse. Cette histoire va se terminer pour sûr au cinéma. » Un autre abbé, ancien de la Fraternité Saint-Pie X, qui me demande de ne pas donner son nom, porte un regard plus critique sur la démarche des parents Lambert : « À mon sens, il y avait trop de passion et de manipulation du côté de Viviane Lambert qui en a fait un cheval de bataille. Mais, du côté des médias, on ne disait pas tout. Dans cette affaire, la raison a beaucoup manqué, et c'est dommage pour Vincent. »

Ces paroles m'interpellent. Elles résonnent avec la teneur de l'échange que j'ai eu avec le plus jeune frère de Vincent, Joseph. Lui aussi analyse le manque de sérénité dans l'affaire par la personnalité particulière de ses parents. Il a été très marqué par une scène de ménage où Viviane est allée jusqu'à mettre un couteau sous la gorge de son mari lorsqu'ils vivaient à Reims, puis enchaîne : « Mes parents sont toujours en guerre. C'est leur moteur. Mais ce qu'ils ne semblent pas mesurer, ce sont les conséquences d'une guerre avec des victimes. Ils refusent la normalité. Ils sont dans une sorte de rébellion pour rejoindre, par la reconnaissance des leurs, le mythe sanctificateur et l'accès au paradis céleste. Mon père assistait à la messe mais fabriquait son propre missel. Il s'impose aussi un rosaire tous les jours. »

Les initiatives personnelles de soutien aux parents prennent la forme de petits mots postés sur Facebook ou sur le site dédié à Vincent Lambert. Mais, contrairement aux dires de l'abbé de la Fraternité qui se voulait discret, je retrouve ce message envoyé depuis le siège à Suresnes par l'abbé Christian Bouchacourt, supérieur du District de France de la Fraternité Saint-Pie X, en date du 11 avril 2018 : « Prions pour sauver Vincent Lambert ! Chers amis, le CHU de Reims, pour la quatrième fois, s'est prononcé pour un arrêt des traitements de Vincent Lambert, à savoir arrêt de son alimentation et de son hydratation. Dans une semaine, le malade ne sera plus alimenté et donc condamné à mort. Nous ne pouvons rester passifs devant une telle décision létale qui, si elle est exécutée, sera suivie, demain, de l'euthanasie de milliers d'autres Vincent Lambert. Aussi je vous invite à réciter le Chapelet en famille ou dans vos prieurés, à offrir des communions et des sacrifices afin que le corps médical renonce à cette condamnation. Ayons foi en l'efficacité du Chapelet ! Que Notre-Dame, "forte comme une armée rangée en bataille", sauve Vincent Lambert, soutienne sa famille et éclaire les médecins. Soyons généreux pour faire monter nos prières vers le Ciel, afin de faire barrage à l'idéologie mortifère que certains essaient d'imposer dans notre pays. *Christus vincit, Christus regnat, Christus imperat.* » Ce même jour, Viviane Lambert écrit une lettre ouverte à Emmanuel Macron, président de la République, publiée dans *Le Figaro,* appelant à empêcher le Dr Sanchez d'exécuter sa décision d'arrêt des soins de Vincent sous dix jours. En 2017, le Dr Vincent Sanchez a remplacé le Dr Simon. Il est conscient de l'imbroglio mais décidé à laisser partir ce patient végétatif. Le 18 avril, dans *Le Figaro,* un appel signé de soixante-dix professionnels de santé s'oppose à l'arrêt des traitements.

De nouveau, les avocats déposent un référé-liberté auprès des juges du tribunal de Châlons et une fois de plus, ces juges ordonnent une nouvelle expertise confiée à trois médecins. Le rapport, remis le 22 novembre 2018, réaffirme les lésions irréversibles de Vincent mais il estime que l'alimentation et l'hydratation ne relèvent pas de l'obstination déraisonnable. En conséquence, sa situation « n'appelle aucune mesure d'urgence et [il] existe des structures pouvant accueillir Vincent jusqu'à sa disparition ». Le 31 janvier 2019, les juges du tribunal de Châlons-en-Champagne considèrent que les traitements de Vincent relèvent de « l'obstination déraisonnable » et que « la volonté de Vincent Lambert de ne pas être maintenu en vie dans l'hypothèse où il se trouverait dans l'état qui est le sien depuis dix ans » est établie. Ils confirment ainsi la décision par le Dr Sanchez d'arrêt des soins. Aussitôt, les avocats des parents font appel devant le Conseil d'État.

15. Le patient

Le 8 mai 2019, je me gare dans le parking des visiteurs de l'hôpital Sébastopol à Reims. François Lambert, le neveu de Vincent, m'accompagne. Nous entrons dans le hall. Nous montons au 4e étage, service « Gériatrie 3, soins palliatifs et d'accompagnement ». Légèrement sur la gauche de l'ascenseur, François me montre une entrée condamnée pour garder, par mesure de protection, un seul accès à la chambre de Vincent Lambert. Nous traversons un couloir, puis tournons à gauche. Nous y voilà. Derrière la porte, munie d'un hublot recouvert d'un morceau de plastique opaque, spécialement fabriqué pour contrôler facilement l'intérieur de la chambre, Vincent est alité, ses mains enroulées sur elles-mêmes – des rétractions tendineuses. François attire mon attention sur la caméra de vidéosurveillance placée au-dessus de nos têtes, dirigée vers la chambre n° 6. « La chambre est verrouillée. Seules les infirmières peuvent l'ouvrir une fois qu'on a déposé sa carte d'identité et qu'on est autorisé à entrer, chuchote

François. Avant, jusqu'en 2014, nous pouvions accéder directement sans toutes ces précautions. »

Cette chambre au papier peint saumon, on la découvre pour la première fois dans un reportage de M6[20], diffusé le 14 novembre 2014 : « Droit de mourir, l'enquête qui dérange ». On y voit tour à tour Rachel Lambert rendant visite à son mari, puis le Dr Kariger parler de l'impossibilité d'établir un code de communication avec son patient, à cause d'une incapacité neuromusculaire et sensorielle. Sur son lit médicalisé, Vincent, visage flouté, porte un t-shirt gris. On devine qu'il est bien rasé, avec ce petit bouc auquel il tenait tant. Sa tête est tournée vers la droite. Il ouvre les yeux sans suivre du regard. Il a des mouvements oculaires spontanés, saccadés et rapides, réagissant aux bruits. Il mâchonne, bâille et contracte les muscles de la face, ce qui se traduit par un rictus. Un linge est posé sur son épaule pour recueillir la salive qui coule, bien qu'il parvienne à déglutir. Deux poches de nourriture et d'hydratation artificielles, suspendues au-dessus de son lit, sont reliées par sonde à son corps. Sans cela, il ne pourrait pas vivre. Le bas de sa gorge est marqué d'une cicatrice ronde, vestige de la trachéotomie qu'il a subie peu après son accident et son corps souffre d'hypertonie, c'est-à-dire d'une rigidité musculaire.

Tout au long des six années de bataille judiciaire, le corps et les sensations de Vincent Lambert sont au centre de toutes les attentions médicales. Et font l'objet d'interprétations multiples face à l'opinion publique. Pour ses parents qui souhaitent son

---

20 « Droit de mourir : l'enquête qui dérange », de Géraud Burin des Roziers, diffusé le 16 novembre 2014 sur M6.

transfert dans une unité spécialisée à Nancy, Vincent n'est pas en fin de vie : il est un grand handicapé, conscient, qui ne subit pas d'acharnement thérapeutique ; Vincent ouvre les yeux, pleure, transmet des émotions, vocalise et mange à la petite cuillère.

Dans une vidéo de 5 minutes 23, qui aurait été tournée en 2015 et diffusée sur le site de l'hebdomadaire *Valeurs actuelles* le 20 mai 2019, Viviane Lambert donne à son fils de la compote et de la Danette à la petite cuillère. Également diffusée sur le site « Je soutiens Vincent », on peut lire dans le titre : « Vincent, un "légume" ? C'est faux ! » « C'est bien mon Vincent ! Génial ! Tu me remontes le moral, Vincent. C'est bien. Super. On est fiers de toi, très fiers. Heureusement que j'ai David… », s'exclame-t-elle en riant. « Je ne fais pas grand-chose », répond David, le demi-frère, qui filme la scène. « Tu fais pas grand-chose, tu fais l'essentiel ! Si je lui donnais de l'eau ? Je lui en donne encore un peu ? Ça le fatigue après », dit Viviane. « Il n'aime pas qu'on lui touche la bouche », remarque David. Mais Viviane continue et ajoute : « Jérôme, il veut qu'on te donne plusieurs cuillères eh ben il en a aujourd'hui… » Elle fait référence à Jérôme Triomphe, l'avocat, qui leur a sans doute suggéré de filmer Vincent en train de déglutir et ainsi « prouver » que Vincent est en vie, handicapé, et qu'il a besoin de sa mère et de sa famille pour s'occuper de lui. Au nom du doute, il doit vivre, clament les pro-vie, convaincus que seul Dieu est habilité à ôter la vie.

Lorsque je passe une journée, le mardi 25 juin 2019, chez Frédéric Philippon, l'autre demi-frère de Vincent, ancien moine, il évoque cet épisode, choqué par la diffusion de cette vidéo. « Vincent aurait pu avaler de travers. Ce qu'ils ont fait est extrêmement grave. On sait que ces patients végétatifs peuvent s'étouffer. C'est pour cela qu'il a une sonde. Ils sont inconscients d'avoir fait ça », s'emporte-t-il.

Je me mets alors en quête de dossiers médicaux qui ont été établis depuis la première tentative d'arrêt des soins pour comprendre la réalité médicale et le quotidien de Vincent. Frédéric Philippon dit vrai. Lorsque j'ai accès à la décision motivée du Dr Sanchez (9 avril 2018), je retrouve l'enjeu de la déglutition, clairement abordé et pour lequel Vincent sera ausculté quatre fois entre 2011 et 2017 : « Les parents de M. Vincent Lambert et leurs conseils évoquent une possibilité de déglutition des aliments, voire de "manger". [...] L'observation clinique actuelle et directe du patient contredit encore formellement cette affirmation. Comme nous l'avons relaté le patient peut déglutir sa salive ou de très faibles quantités de substance crémeuse "fondant" dans sa bouche. Cela ne peut en rien s'apparenter à une alimentation. De nombreuses tentatives de rééducation de la déglutition ont été déjà proposées sans succès et ne sont plus indiquées actuellement par les spécialistes consultés. » En plus de tout cela, Vincent aura passé, entre 2011 et 2018, pas moins de cinq expertises, évaluations, réévaluations cliniques, paracliniques et comportementales, réalisées par de grands spécialistes faisant autorité dans le domaine.

La foule de soins, de médicaments, d'interventions et de gestes reçus ne sont quasiment jamais portés à la connaissance du grand public, d'abord pour préserver le secret médical mais aussi par respect pour le patient. Et contrairement aux parents, l'épouse et les frères et sœurs qui souhaitent le voir partir n'ont jamais utilisé quelque élément médical que ce soit pour convaincre médias et public. Car si Vincent paraît vif et bien présent dans les vidéos réalisées par les parents, il ne s'agit là que d'un mirage. Dans le tréfonds de ses organes, Vincent présente des complications pulmonaires banales, comme des infections ORL ou respiratoires. Il n'a pas eu de crise d'épilepsie depuis 2014 mais il a un déficit de thermorégulation qui le fait transpirer et lui provoque des spasmes musculaires incontrôlés. Vincent souffre aussi de prostatites à répétition. Je lis ceci dans le rapport motivé de dix-sept pages du Dr Sanchez : « On déplore depuis un an des épisodes de rétention urinaire. Malgré des lavages vésicaux, parfois pluri-quotidiens, il présente de nombreuses calcifications intravésicales responsables d'étalements du ballonnet des sondes urinaires ainsi qu'une inflammation chronique. » Pendant l'affaire, le Dr Sanchez ne donne aucun entretien aux médias, faisant le choix inverse de son prédécesseur. J'aurais voulu le rencontrer. Trois mois après la mort de Vincent, je le sollicite. Il me fait savoir, par le biais du service communication de l'hôpital, qu'il ne donnera pas une suite favorable à ma demande. Comme pour Viviane et Rachel, je me rabats sur ses écrits pour comprendre sa démarche de médecin.

L'hydratation et l'alimentation ont été au centre des débats judiciaires. S'agit-il ou non de traitements ? Peut-on considérer qu'ils relèvent ou non de l'obstination déraisonnable ? Quelles que soient les réponses, des faits persistent sur le plan nutritionnel avec de nombreuses complications, comme le formule le Dr Sanchez : « La tolérance digestive est moyenne avec régurgitations, vomissements en cas d'augmentation quantitative des intestats par gastronomie. Il y a nécessité de mesures systématiques laxatives préventives, parfois intrusives, et au besoin curatives en raison d'une atonie digestive responsable d'une stase stercorale chronique. » En d'autres termes, il s'agit de la stagnation des selles dans le gros intestin. Mais ce n'est pas tout. Pour prévenir tout inconfort, Vincent est bourré de médicaments antalgiques, préventifs des régurgitations gastriques, de la constipation, antispasmodiques ou musculotropes, myorelaxants pour éviter les rétractations musculaires, vitaminothérapie, et un traitement antiépileptique. À part tout cela, il est vrai que Vincent ne présente pas de lésions organiques. Si tous ces traitements de base peuvent être considérés comme de bonnes pratiques médicales chez des patients ayant un handicap lourd, quid du profil du patient eu égard aux volontés exprimées lorsqu'il était en bonne santé et eu égard à sa « dignité ontologique, inaliénable » au sens de la Déclaration universelle des droits de l'homme ? S'il y a bien un point d'accord pour l'ensemble des parties, c'est celui de l'état permanent d'inquiétude et d'inconfort, de souffrance et de tension dans lequel est plongé le corps de Vincent Lambert, « un corps réfractaire », peut-on lire dans la décision motivée.

Dans le rapport du Dr Sanchez, un chapitre est entièrement consacré à la personnalité et aux volontés de Vincent Lambert. Je retrouve en condensé le portrait de l'enfant, de l'adolescent et de l'homme que des proches ou des enseignants m'ont dépeint tout au long de mon enquête : « Une personnalité contrastée, avec une relation à la vie ambivalente, à la fois intrépide et pondéré, provocateur et réservé, anticonventionnel et respectueux. Cette ambiguïté est retrouvée tant dans sa vie privée que professionnelle. Il est régulièrement décrit "aimant", "bienveillant", "poli", "sensible", "gentil et protecteur", "discret" et souvent "en retrait sur les photos", "généreux" et "altruiste" ayant le "souci des autres", "courageux", "bosseur". Tout en étant qualifié par les mêmes proches de "secret", "taciturne", "torturé", "écorché vif", "tranchant", "provoquant", "rebelle", "compulsif", "violent verbalement", "affrontant les limites" par des "comportements extrêmes" de "mise en danger" peut-être pour "anesthésier son angoisse et ses souvenirs", "défiant la mort" par des conduites ordaliques en particulier dans sa façon de tenir le volant. » La vie est là mais sa vie n'est plus.

Vincent vivait à cent à l'heure. Ainsi, à partir des témoignages recueillis (« Vincent avait horreur du contact physique ; il ne supportait pas d'être malade ou qu'on s'approche trop de lui »), le Dr Sanchez précise les liens de Vincent à la fin de vie : « L'intolérance aux patients lourdement handicapés et dépendants qu'il avait pu rencontrer dans sa profession d'infirmier en hôpital psychiatrique, l'idée de travailler dans un pavillon de patients dits "polyhandicapés adultes", semblait l'insupporter. [...] Les parents ne contestent pas ces dires mais restent campés sur l'idée que Vincent ait pu parler sous forme de "boutade", récusant que "les possibles conditions d'une fin de vie ou d'une situation de handicap auraient pu être un sujet de préoccupation pour lui". » Sans surprise, en 2018, le Dr Sanchez préconise l'arrêt des soins : « Par cette décision, nous reconnaissons humblement nos limites et celles de la Médecine. [...] Par cette décision, notre seule intention est de reconnaître à M. Vincent Lambert le droit à retrouver le cours naturel de son existence humaine en retirant, au titre de l'obstination déraisonnable, la technique médicale. »

Systématiquement, chaque annonce de protocole de fin de vie est suivie de recours. Vincent sera chosifié pendant une longue année encore, ballotté de recours en décisions et de validations en suspensions. Les parents vont jusqu'à solliciter le Comité des droits des personnes handicapées de l'ONU, qui demande à l'État français, le 3 mai 2019, d'appliquer des mesures conservatoires pour ne pas interrompre les traitements de Vincent avant de statuer sur le fond. Le gouvernement d'Emmanuel Macron annonce, le 7 mai, qu'il ne suivra pas les recommandations de cette instance. L'horizon s'éclaircit pour ceux qui veulent libérer Vincent de son corps douloureux et immobile, soutenus officiellement et pour la première fois par la France.

Le lundi 20 mai 2019, alors que la Cour européenne des droits de l'homme vient de rejeter un énième recours des parents, le Dr Sanchez entame, le matin même, le protocole de fin de vie de Vincent, avec une sédation profonde et continue, associée à une analgésie, comme le prévoit la loi Claeys-Leonetti. Devant les médias, au CHU de Reims, Viviane Lambert s'emporte : « C'est des monstres ! C'est des nazis ! [...] Ils sont en train de le "sédater". [...] C'est un crime, c'est tout. » Le neveu François Lambert est serein et apaisé, lui le futur avocat qui se méfie pourtant toujours des rebondissements de dernière minute. Alors que chacun se prépare à quitter Vincent, à le laisser partir, une manifestation de soutien aux parents s'organise à Paris en présence des avocats Maître Triomphe et Maître Paillot. Personne ne sait qu'ils ont saisi la cour d'appel de Paris. À 23 h 20, la Cour (Martine Roy-Zenati, première présidente de chambre, Sylvie Kerner-Menay, présidente, et Sophie Grall, conseillère) ordonne à l'État français de se conformer à la décision du Comité des droits des personnes handicapées. Les avocats de Pierre et Viviane Lambert, au milieu de scènes de liesse et de cris, hurlent leur joie, portés comme des héros qui auraient remporté la guerre. « On a gagné ! C'est la remontada ! », s'excite Maître Paillot. Le Dr Sanchez est dans l'obligation de réhydrater et réalimenter Vincent. C'est la deuxième fois.

Ce lundi soir, Marie-Geneviève Lambert est chez elle, concentrée sur le décès prochain de Vincent, sur le point d'aller se coucher quand elle reçoit un SMS d'un ami médecin qui lui écrit, sans plus de précision : « Ce sont des dingues ! L'Église est responsable dans cette catastrophe, je suis vraiment désolé pour vous. » Elle ne comprend pas et l'appelle aussitôt. « J'enrageais littéralement. À partir de ce jour-là, toutes mes réticences à parler dans les médias se sont évanouies. J'ai décidé de laisser tomber tous ces tabous qui nous avaient ligotés jusque-là, pour soi-disant respecter la personne de Vincent, la famille… Cela ne tenait plus face à cette folie. Sans émotion déplacée, en étant pédagogique et factuelle, j'ai accepté les émissions de télé et les interviews. De ce jour date ma rupture définitive avec l'Église qui a traumatisé ma famille depuis des générations. Les hommes ne sont rien dans cette institution pyramidale, une seule parole ignorante du pape et toutes les bonnes volontés, toutes les logiques argumentaires tombent par terre. »

Marie Lambert, la plus proche géographiquement de Vincent, s'était forgé depuis quelques années une solide armure de protection, persuadée que ses parents ne « baisseraient jamais les armes ». Cette fois, malgré ses réticences, elle se laisse convaincre la veille de l'arrêt de soins qu'il n'y aura plus de recours de la part de ses parents. « Je suis arrivée le lundi soir à l'hôpital. Toutes les grilles étaient fermées. Un vigile m'a laissée entrer. Devant l'hôpital, il y avait deux personnes bizarres, des soutiens de mes parents peut-être ou des illuminés attirés par la situation. Quand je suis arrivée, j'ai vu Rachel dans le bureau de l'infirmière, le visage décomposé. Elle était au téléphone. Elle m'explique que la cour d'appel a ordonné la reprise des soins. Elle était choquée. Moi je me suis dit, c'est pas possible, ça va recommencer. Je m'en suis voulu d'y avoir cru. J'avais raison de ne pas être sereine. Le lendemain, j'ai craqué puis j'ai remis mon armure. Le jour où j'y ai vraiment cru, c'est quand mes parents ont dit aux médias qu'ils arrêtaient tous les recours, quelques jours avant la mort de Vincent en juillet. »

« Obscène, rétorque François Lambert sur Europe 1 le lendemain matin. La douleur des parents de Vincent, je n'y crois plus. Je pense que c'est du militantisme qui a pris le dessus depuis de nombreuses années. Ils sont dans un déni absolu. La reprise des traitements, c'est du sadisme pur de la part du système médico-judiciaire. » Joseph Lambert, très en retrait médiatiquement, me raconte : « [J'ai très mal vécu] la réjouissance "footballistique" déplacée des avocats de mes parents accompagnés de leur soutien ainsi que la décision de la cour d'appel. C'est à ce moment-là que mes insomnies ont commencé et se sont prolongées et accentuées jusqu'au milieu du mois de juillet. Je ne voyais pas le bout de toutes ces procédures interminables et constatais, impuissant, la dernière victoire de mes parents, de mon demi-frère et de ma sœur. J'étais de plus en plus fatigué, tendu et fragilisé. »

Jusque-là, le sujet des directives anticipées était resté en arrière-plan. En quelques semaines, du 20 mai au 16 juin 2019, le site qui délivre des formulaires permettant la rédaction des « dernières volontés sur les soins en fin de vie » a enregistré vingt fois plus de connexions, soit 230 000 visites, contre 10 000 le mois précédent. Entre le 20 mai et le 7 juillet, d'autres voix se font entendre dans un registre bien plus politique. Je consulte les comptes Twitter de plusieurs élus de la République. Les élus du Rassemblement national émergent en tête de peloton. Marion Maréchal s'exprime dès le 20 mai, alors que le protocole de fin de vie vient de commencer et avant qu'il ne soit à nouveau stoppé. Elle twitte : « #Vincent Lambert : Ce n'est pas à nous de décider qui est digne de vivre ou de mourir. » Elle accompagne ces quelques signes d'un petit texte plus explicite, où elle affirme que Vincent est victime d'une « euthanasie », brouillant ainsi le message auprès de l'opinion publique, puisqu'il ne s'agit pas de cela. Elle enchaîne une foule d'inexactitudes et de contre-vérités, comme le fait que Vincent ne serait pas en état végétatif. Ce qui est pourtant le cas. Elle écrit : « À partir d'aujourd'hui, le principe est donc renversé, notre société peut tuer de très grands handicapés au nom de la dignité et peut-être, surtout des économies. [...] Je sais que les Français sont très divisés sur ce sujet mais je vois dans l'instrumentalisation du cas de Vincent Lambert le souhait d'élargir l'application de la loi actuelle, voire de préparer les esprits à une nouvelle loi sur l'euthanasie. Je ne veux pas vivre dans cette société. C'est pourquoi je prends position aujourd'hui. »

Il est vrai que, depuis plusieurs années, Marion Maréchal se range dans une mouvance qui n'a cessé de gagner du terrain depuis 2011, l'année des premières manifestations anti-mariage pour tous. Au point de voir progresser le vote Rassemblement national au sein d'un électorat traditionaliste, jusque-là plutôt acquis à la droite classique. Scolarisée, du CM1 à la cinquième, chez les dominicaines du Saint-Esprit à Saint-Cloud (uniforme, suppression des pages liées à la sexualité dans les manuels scolaires, messe en latin, chant grégorien), expérience fondatrice dans sa foi, Marion Maréchal se présente comme une catholique pratiquante traditionaliste. Dans un entretien donné le 27 août 2015 à l'hebdomadaire de droite *Famille chrétienne*, elle se fait le porte-voix d'une nouvelle « génération décomplexée » : « Je fais partie de cette génération anti-Mai-68. Comme tous les phénomènes de réaction, cela peut sembler parfois excessif. Mais nous voulons, nous, des principes et des maîtres, contrairement à ce que nous avons subi pendant des années. Ma génération a vécu en première ligne les conséquences de ce travail de sape éthique et moral. [...] Je crois que sur la bioéthique et les questions du mariage et de la filiation, le FN est déjà en cohérence avec leurs [celles des électeurs] attentes. » Je tente à plusieurs reprises d'entrer en contact avec elle. En novembre 2019, elle me répond par l'entremise de son école de sciences politiques (Issep) qu'« elle ne souhaite pas se prononcer davantage à ce sujet ».

Alors qu'une troisième tentative d'arrêt des soins a débuté pour Vincent le 2 juillet 2019, les membres du Rassemblement national se déchaînent. Joëlle Mélin, députée européenne du RN, n'hésite pas à interpeller la famille de Vincent, celle qui souhaite le laisser partir : « #Vincent Lambert n'est absolument pas en fin de vie et des soignants sont en train de l'assassiner sur consignes de la loi, pour satisfaire une partie de la famille qui n'a pas osé affronter cette même loi en exécutant ce même geste passible des assises ! Totalement sidérant ! » Jean Messiah, membre du Bureau national du RN, suivi par 40 000 abonnés, twitte : « Un djihadiste condamné saisit une instance internationale ? On nous expliquera bruyamment que l'État de droit et les valeurs de la République commandent d'attendre l'avis de l'instance. Mais pour #Vincent Lambert cette décision est superfétatoire et il y a urgence à le tuer. Dingue. »

Puis, le lendemain, le député RN du Gard, Gilbert Collard, ajoute : « Le règne des docteurs Petiot : il y a plus inhumain que l'acharnement à faire vivre, l'acharnement à faire mourir ! » Le 7 juillet, Jérôme Rivière, député européen (RN) et président de la délégation française du groupe Identité et Démocratie, écrit : « 6e jour. #Vincent Lambert fait preuve d'une résilience qui montre sa détermination à vivre n'en déplaise à ceux qui prétendaient l'inverse. L'histoire jugera sévèrement notre société et le silence médiatique qui entoure cet odieux assassinat d'État. » Jean-Frédéric Poisson (parti chrétien-démocrate), au sein de cette même sphère électoraliste d'extrême droite, réagit le 7 juillet 2019 sur son compte Twitter : « #Vincent Lambert Non ! L'acharnement contre lui n'est pas thérapeutique. Il est euthanasique. STOP ! » Le même jour, Philippe de Villiers, fondateur du Mouvement pour la France, twitte : « Vincent Lambert meurt dans l'indifférence générale. C'est un handicapé qui n'est pas en fin de vie. L'histoire retiendra la date du 2 juillet 2019 comme celle de l'instauration de l'euthanasie en France. » L'extrême droite s'empare de l'affaire Lambert, avec l'aval des parents. La politisation et la récupération sont à leur comble. Pour la cinquième fois, l'arrêt des soins est prononcé et validé par la justice. Pour la troisième fois en six ans, Vincent est débranché. Ce sera la dernière.

16. L'euthanasie

Mon train roule vers Liège. Le soleil réchauffe mon visage. Des tonnes de questions m'envahissent l'esprit. Nous sommes le 10 juillet 2019. Vincent ne reçoit plus d'alimentation ni d'hydratation depuis neuf jours. Après le 20 mai, date du dernier rebondissement où la cour d'appel de Paris ordonne la reprise des traitements, le gouvernement tape du poing sur la table et décide, le 31 mai, de déposer un pourvoi en cassation contre cette décision. Le 28 juin 2019, la Cour de cassation casse et annule l'arrêt de la cour d'appel sans renvoi. La voie est de nouveau libre pour le Dr Sanchez qui cesse, dès le mardi 2 juillet, les traitements de Vincent. C'est dans ce contexte que je m'apprête à rencontrer le professeur François Damas, médecin réanimateur en charge de la consultation de fin de vie au centre hospitalier régional de la Citadelle de Liège. Depuis le début de mon enquête, le sujet de l'euthanasie resurgit sans cesse comme une épée de Damoclès, suspendue au-dessus du pays. La diabolisation n'a jamais donné de bons résultats. Il me faut rencontrer un de ceux qui pratiquent l'euthanasie, dans un pays où elle est légalisée depuis 2002, la Belgique. Confronter les arguments, les peurs, les idées reçues. J'emmène dans mes bagages bien des arguments entendus en France qui plaident, voire militent, contre tout encadrement de cette pratique. Aussi étonnant que cela puisse paraître, au sein des deux camps qui s'opposent et se déchirent dans l'affaire Lambert certains partagent un point : leur farouche opposition à l'euthanasie. Je me demande bien ce qu'un médecin, qui la pratique, aura à dire de cet imbroglio juridico-politique.

Il est 9 h 30. Je descends du train. Nous avons rendez-vous au café de la gare de Liège. Je reconnais tout de suite François Damas, la soixantaine, petites lunettes sur le nez, visage affable. « Alors, dites-moi ce qui vous amène jusqu'ici ? », me lance-t-il. La veille, il a pratiqué une euthanasie sur une femme de soixante-douze ans, atteinte d'une maladie grave. Il procède à une douzaine d'euthanasies par an, souvent sur des cas irréversibles de cancer ou de problèmes neurologiques. En Belgique, celui ou celle qui veut mourir doit faire « une demande claire, lucide et volontaire, sans pression extérieure, et justifiée par une souffrance psychique ou physique devenue insupportable et constante, provoquée par une maladie grave et incurable ». François Damas m'explique le fonctionnement de la loi belge : « Au départ, la loi dit qu'il y a un médecin et un malade. Ils doivent se convaincre l'un l'autre. Ensemble, ils doivent convenir qu'il n'y a plus que cette solution possible et raisonnable. C'est un colloque singulier. Il ne s'agit pas de quelqu'un qui arrive en disant qu'il ne supporte pas la vie. Cela ne fonctionne pas ainsi. Il faut des conditions de forme et de procédure car elles permettent de contrôler la réunion des trois conditions et un consensus social autour de la demande. » Selon les chiffres de la santé publique belge, le nombre de déclarations reçues en 2018 a été de 2 357. Le nombre d'euthanasies enregistrées est resté stable. La majorité des patients étaient âgés de plus de soixante-dix ans et 41 % avaient plus de quatre-vingts ans. L'euthanasie chez les patients de moins de quarante ans reste très limitée (1,7 %). Aucune déclaration relative à l'euthanasie de mineurs n'a été enregistrée. Et les demandes sur la base de troubles mentaux et du comportement restent marginales (2,4 % de l'ensemble des euthanasies) et respectent les conditions légales.

En France, une des nombreuses critiques à l'endroit de la loi belge concerne le manque de contrôle et de garde-fous dans cet accord entre patient et médecin. « C'est faux, répond le Dr Damas. La loi fait sortir ce duo de son isolement. D'abord, le malade doit être informé de sa maladie et de son pronostic, des soins palliatifs, des possibilités de traitements, de tout ce qui peut lui être offert. Ensuite, le médecin doit demander l'avis d'au moins un confrère indépendant qui consulte son dossier, examine le patient, et rédige un rapport attestant que les trois conditions sont remplies. L'équipe soignante doit être informée et doit pouvoir donner son avis, même si elle ne peut pas s'opposer à l'euthanasie. Elle peut même y assister comme témoin. Autrement dit, ça ne se fait pas en cachette derrière un rideau de service d'urgence en catimini comme cela se faisait avant. Enfin, la famille doit être informée, à moins que le patient ne s'y oppose dans le cas de conflits familiaux, et ce n'est pas à la fin de sa vie que les problèmes familiaux vont se résoudre. » Les euthanasies sont déclarées a posteriori. « Est-ce que cela n'ouvre pas la voie à des dérives ? », je lui rétorque. « Avec l'intervention d'au moins un confrère, l'information de l'équipe soignante et l'accompagnement de la famille, qui peuvent être témoins de l'euthanasie, il existe bel et bien un contrôle a priori. Ensuite, la loi prévoit et impose que les euthanasies soient déclarées à une commission d'évaluation et de contrôle a posteriori en effet. Si on avait imposé une déclaration a priori, quelle instance serait à même de juger si l'euthanasie est bien fondée ? Une commission qui se réunirait tous les jours, car les dossiers d'euthanasie sont bien plus nombreux que les actes effectifs, serait une usine à gaz. Certaines institutions hospitalières aimeraient que les demandes remontent au comité d'éthique. À mon avis, cela déposséderait le malade et le médecin de leur choix et de leur construction. Pour une euthanasie accomplie, ce sont cinq à huit euthanasies non réalisées. Beaucoup de patients dans la procédure meurent avant, tandis que d'autres ne vont pas au bout. Et puis, une euthanasie peut être urgente. »

Quelques jours plus tard, le 16 juillet 2019, alors que Vincent vient de mourir, je sollicite le Dr Louis Puybasset, chef de service du Département d'anesthésie-réanimation de l'hôpital de la Pitié-Salpêtrière et président de la commission éthique. À plusieurs reprises depuis 2015, il est intervenu dans les médias en tant que spécialiste pour expliquer la situation de Vincent Lambert, dont il a consulté les IRM. Convaincu par la pertinence de la loi Leonetti, farouche opposant à la légalisation de l'euthanasie, il affirme que le cerveau de Vincent était détruit. « Il n'y a pas de connexions entre ses différents cortex, il a un état hyper altéré de la conscience, il ne pense pas dans sa tête, il n'a pas conscience de la douleur, il n'a pas de structuration de la pensée. On connaît ça par cœur ici vous savez. Pour penser, il faut une "conversation" entre les différents cortex du cerveau. Quand la connectique est abîmée, il n'y a plus de construction de la pensée. La machinerie anatomique nécessaire pour être présent à l'autre est très complexe. » Mais lorsque j'aborde la question de l'euthanasie et que j'évoque mon voyage en Belgique, la tension monte. Sur la défensive, il me range aussitôt dans la case des pro-euthanasie, cherchant à me « convaincre ». Jusqu'ici pourtant je n'ai pas donné mon avis.

J'éprouve à cette minute à quel point l'affaire Lambert a ravivé et figé les positions sur ce que doit être une fin de vie acceptable. Je mesure aussi à quel point l'histoire de Vincent Lambert a mis à nu des angoisses profondes et individuelles. Peut-être l'affaire Lambert est-elle la face visible d'un sujet universel sans cesse mis au ban de la société et par la société. Celui de la mort. Comment mourir ? La réponse du Dr Puybasset me parle davantage de valeurs d'une société que de choix individuels : « La mort donnée est un extrême, ce n'est pas un acte médical. On ne peut pas enseigner aux étudiants comment tuer un patient. C'est un acte vétérinaire, s'insurge-t-il. Tout est possible dans la loi française, c'est un cadre général. L'euthanasie est une demande de mort anticipée. En Belgique, il y a des dépressifs qu'on euthanasie, ce sont des dérapages. C'est quoi la limite ? Un malade, on en fait ce que l'on veut. L'autonomie du malade, c'est une aporie ! Ils veulent un droit à la mort. Ils veulent que les médecins les suicident parce qu'ils n'ont pas le courage de le faire eux-mêmes. Ça veut dire quoi d'un point de vue psychique qu'une petite fille voie sa grand-mère mourir au bout d'une seringue ? Ça dit quoi d'une société, d'un point de vue symbolique ? Ça veut dire quoi ces nantis qui disent que la vie ne les intéresse plus ? Non ! La vie doit être forte, sinon la société ne pourrait pas tenir. Pourquoi croyez-vous que les Hollandais et les Belges ont voté ces lois ? Pour l'argent ! Ils préfèrent tuer certains malades plutôt que de les soigner. Rien n'est moins cher qu'un malade mort. Pourquoi ce sont les pays qui ont déporté leurs Juifs nationaux qui pratiquent l'euthanasie ? Qu'est-ce que cela veut dire de la psychopathologie des peuples ? La mort au bout de la main, c'est pour moi un acte nazi. C'est un retour du refoulé. Ce que Hitler a ordonné, c'est la sélection par les médecins des handicapés (programme Aktion T4). Pour l'euthanasie, c'est de la même veine, y compris si c'est la volonté du malade. »

Je lui fais remarquer que la mère de Vincent utilise les mêmes arguments, traitant de « nazis » les médecins qui ont mis en place le protocole de fin de vie pour Vincent. Que l'extrême droite se réfère aussi à l'extermination des Juifs pour s'opposer à l'avortement et à l'euthanasie. « Je n'arriverai pas à vous convaincre », me lance le Dr Puybasset dépité. Je ne demande pas à être convaincue. Mais je veux comprendre ce que révèle cette crispation permanente.

C'est l'une des raisons qui m'ont poussée jusqu'en Belgique. Comprendre et entendre le témoignage d'un médecin qui pratique des euthanasies depuis des années. Au fil de la conversation avec le professeur François Damas, je lui demande de me faire le récit de l'euthanasie qu'il a pratiquée la veille. « La femme de soixante-douze ans est une Française qui est venue en Belgique. Elle avait une insuffisance respiratoire chronique sévère. Hier, elle était entourée de ses trois filles, trois gendres, sa sœur, son beau-frère, son ex-mari et ses petits-enfants. Ils ont loué une maison pour accompagner leur maman. Quand je suis entré, j'ai senti une ambiance affective extraordinaire d'où émerge d'abord la joie. La joie de quoi ? Pourquoi la joie ? On va vivre ensemble un événement majeur, en accompagnant quelqu'un qui a décidé de mettre fin à sa souffrance, sereinement. Cette dame m'a dit ce que j'aime bien entendre : "Vous voyez docteur, j'ai mené ma vie debout, je veux finir ma vie debout." Elle est en chaise roulante, elle est au bout de ses fonctions respiratoires. Elle n'arrive plus à faire deux phrases… Elle prétend qu'elle va mourir debout mais elle est déjà très amoindrie. En tant que médecin, je vais lui donner cette possibilité, je vais la reconnaître en tant qu'interlocuteur valable et responsable. Ça leur donne une énergie, c'est un vrai bonheur de pouvoir partir comme on le désire. Une euthanasie bien conduite est un soin palliatif réussi. Un soin palliatif réussi, c'est arriver dans la phase d'acceptation et de sérénité partagée. C'est ça l'euthanasie dirigée par le patient, pas par la maladie ni par le médecin. »

Le professeur François Damas me parle avec émotion d'autres exemples d'euthanasies qu'il a menées, qui l'ont marqué, comme des expériences extraordinaires, lui qui n'était pas du tout pro-euthanasie il y a une vingtaine d'années. Comme beaucoup de médecins, il était farouchement opposé à une loi. Mais une lecture l'a bouleversé : *La Mort opportune* de Jacques Pohier, un prêtre dominicain, militant de l'Association du droit de mourir dans la dignité. « Je me suis rendu compte que la question du choix se posait à travers le parcours du malade, son histoire et sa décision personnelle qui n'avait rien à voir avec sa prise en charge médicale. Je me suis rendu compte que lorsque nous faisions des anesthésies et que l'on débranchait le patient, cela n'avait rien à voir avec des euthanasies. Enfin, j'ai compris pourquoi les gens réclamaient de l'autonomie, de l'autodétermination et que cela n'appartient pas au docteur. »

Quel regard pose-t-il sur l'affaire Lambert ? Qu'aurait-il fait à la place des médecins français ? « Dans le cas de Vincent Lambert, la question de l'euthanasie ne se pose pas. Il y avait à décider d'arrêter les traitements. J'aime bien ce qu'a dit le Conseil d'État : c'est parce que le malade ne voulait pas être maintenu dans cet état qu'on peut décider de le laisser mourir… La question de l'intention médicale, comme le dit la loi Leonetti, n'est pas bien posée à mon sens. En tant que médecin, on doit être capable d'assumer l'intention. Mais une intention ne définit pas l'euthanasie. Quand le Dr Sanchez va arrêter l'hydratation, il va faire mourir Vincent. Vous ne pouvez pas vous cacher derrière le double effet[21], c'est un principe qui ne donne pas la liberté de pensée et d'action. C'est une hypocrisie. Si je suis focalisé sur le fait que je veux soulager mon patient et que je ne veux pas précipiter sa mort, je me paralyse dans l'accompagnement adéquat et efficace d'une fin de vie. Et voilà Vincent Lambert qui va mettre trois semaines à mourir de manière indigne comme ce fut le cas pour Hervé Pierra.[22] »

---

21 Le double effet consiste à utiliser tous les moyens possibles (la sédation) pour soulager un symptôme même s'ils peuvent avoir comme effet secondaire d'abréger la vie, cet effet secondaire étant imprévisible et inconstant.

22 En novembre 2006, Hervé Pierra décède au centre de long séjour de Saumur, après huit ans de coma végétatif et six jours d'agonie. Fin juin 2005, après la parution des décrets de la loi Leonetti autorisant le « laisser-mourir », la famille Pierra dépose une requête auprès du centre pour demander que la loi puisse s'appliquer pour leur fils. Les médecins refusent de le débrancher pendant plus d'un an. C'était l'une des premières fois que la loi Leonetti devait s'appliquer. Par peur d'être accusés de faire de « l'euthanasie », les médecins n'administrent pas de sédatifs au jeune homme. Les parents d'Hervé Pierra vivent un cauchemar durant les six jours d'agonie de leur fils.

Vincent Lambert mettra en effet dix jours à mourir, imposant une agonie insoutenable à ses proches. Impossible qu'il soit euthanasié pour abréger ce moment douloureux puisque la loi l'interdit. D'autant que les parents ont porté plainte contre le médecin pour tentative d'assassinat et que, dans ce cadre, le corps de Vincent est autopsié pour vérifier que le Dr Sanchez a bien suivi la procédure de sédation et d'arrêt des soins conforme à la loi. Le corps de Vincent est rendu à sa veuve le vendredi 12 juillet, veille de son enterrement. Cette enquête sur la recherche des causes de la mort était toujours en cours en novembre 2019. Par ailleurs, le 26 novembre 2019, le Dr Sanchez et le directeur de l'hôpital ont été assignés devant le tribunal de Reims pour « non-assistance à personne en danger » par les avocats des parents Lambert. Le parquet a demandé la relaxe du médecin.

Le Dr Louis Puybasset considère, lui, que les parents de Vincent, aidés des intégristes religieux, ont offert un boulevard au camp pro-euthanasie. « La loi Claeys-Leonetti n'a rien à voir avec tout cela. S'il y a une opposition de la famille, loi ou pas, cette famille fera des recours. Des affaires Lambert, on en prévient une cinquantaine par an dans notre unité. C'est une question de pronostic. » Je lui demande si, à l'époque de l'accident de Vincent, en 2008, il aurait été possible d'établir un pronostic ferme. « Non car nous n'avions pas encore les outils puissants d'aujourd'hui. Avec ces outils, quinze jours après son accident, on aurait été en capacité de dire l'état du cerveau et la décision à prendre. Cela aurait très certainement évité l'affaire Lambert. La réanimation est faite pour faire avancer les malades dont on sait qu'ils pourront progresser. Nous ne souhaitons pas fabriquer des patients végétatifs. En cas de "mauvais pronostic", la quasi-totalité des familles accepte l'arrêt des traitements. »

Chaque année, 20 000 personnes en France, en situation juridique d'« obstination déraisonnable », font l'objet d'un arrêt de ces traitements dans le cadre d'une procédure entre médecins et d'un dialogue apaisé et respectueux avec la famille et les proches. Et le ministère de la Santé estime à environ 2 000 le nombre de patients en état végétatif pris en charge dans des unités spécialisées ou à domicile. Leur espérance de vie moyenne ne dépasse pas les dix ans.

17. Saint-Sulpice

Je rentre à Paris ce 10 juillet 2019 après avoir longuement échangé avec le professeur François Damas. Deux jours plus tôt, le 8 juillet, les parents de Vincent et leurs avocats, qui espéraient encore un levier juridique pour stopper le protocole de fin de vie, jettent officiellement l'éponge. Dans une lettre ouverte, Viviane, Pierre, Anne et David s'adressent ainsi à leurs soutiens : « Chers amis qui nous avez tant soutenus tout au long de ces six ans, cette fois, c'est terminé. Nos avocats ont multiplié ces derniers jours encore les recours et mené d'ultimes actions pour faire respecter le recours suspensif devant l'ONU qui bénéficiait à Vincent. En vain. La mort de Vincent est désormais inéluctable. Elle lui a été imposée à lui comme à nous. Si nous ne l'acceptons pas, nous ne pouvons que nous résigner dans la douleur, l'incompréhension, mais aussi dans l'Espérance. [...] Il n'y a plus rien à faire sinon prier et accompagner notre cher Vincent, dans la dignité et le recueillement. Vous êtes avec nous tous par la pensée et la prière auprès de Vincent. »

Le paysage défile à grande vitesse. Dans le train, au passage de la frontière belge, je retrouve du réseau sur mon téléphone. Quelques minutes avant d'arriver à Paris, je consulte le site « Je soutiens Vincent », qui milite contre l'arrêt des soins, et je découvre un dernier appel pour assister à une messe le soir même, sur le parvis de l'église Saint-Sulpice. « RDV ce mercredi 10 juillet à 20 heures devant Saint-Sulpice pour une veillée pour Vincent Lambert. Vincent est en train de mourir. La situation dans laquelle l'a mis le docteur Sanchez est désormais médicalement irréversible. Ces moments sont très douloureux pour tous. L'heure est au recueillement. [...] Jean Paillot et Jérôme Triomphe, avocats des parents de Vincent Lambert, prendront la parole. Apportez des bougies. » Lorsque j'arrive à la gare du Nord, je m'engouffre aussitôt dans la ligne 4 du métro qui me conduit directement sur place. Me voilà opérant le grand écart, passant d'un médecin belge qui pratique des euthanasies légalement à un groupe de catholiques intégristes qui ont fait de l'affaire Lambert un étendard.

Le soleil de juillet jette une lumière rasante sur les imposantes colonnes de l'église. De chaque côté des grilles, deux grandes banderoles déploient leur slogan : « AIMER N'EST PAS TUER » et « PROTÉGER LE FAIBLE, ÇA C'EST FORT ». Environ deux cents personnes, certaines assises à même le sol, d'autres debout, affluent peu à peu sur la place. Des jeunes, des prêtres, des plus âgés, des handicapés en chaise roulante, mais aussi une nuée de journalistes, à qui une jeune femme de l'organisation demande au micro d'avoir la décence d'attendre la fin de la cérémonie pour poser des questions. Certains se signent et s'agenouillent, d'autres tiennent des pancartes

« Recueillement pour Vincent », d'autres encore prient les mains jointes, les larmes aux yeux. Cette jeune femme brune, vêtue d'une robe rouge à fleurs blanches, reprend la parole : « Vincent va mourir parce que certains ont décidé qu'il devait mourir, parce qu'une décision légale a jugé que celui-ci ne méritait plus de vivre. Personne ne peut détourner le regard. Comment a-t-on pu en arriver là ? Que la France en 2019 tue délibérément une personne handicapée. Qu'au lieu d'accompagner Vincent Lambert, de lui offrir un projet de vie, on l'élimine, comme si sa vie fragilisée n'avait plus de dignité. La seule dignité de l'homme est d'être aimé jusqu'au bout. La seule liberté de l'homme est d'aimer jusqu'au bout. » Applaudissements. J'ai envie de lui demander si un projet de vie se réduit à respirer et à déglutir. J'ai envie de lui demander si l'avis de Vincent Lambert lui importe un peu. J'ai envie de lui demander si la dignité de Vincent ne se situe pas à l'endroit du respect de ses volontés. Je bouillonne intérieurement. Je retrouve la trace de cette jeune femme dans des émissions de télévision. Elle s'appelle Camille et ne souhaite pas donner son nom. Elle se présente comme porte-parole du comité de soutien et répand nombre de contre-vérités, sans être, bien souvent, contredite. Lors de la soirée du 20 mai, dans la foule de ceux qui acclament les avocats alors que la cour d'appel vient d'invalider l'arrêt des soins, je retrouve cette Camille, qui explose de joie et s'exprime, en larmes, au micro d'Europe 1. Sur le coup de l'émotion, elle confirme ce que je supposais. Elle ne connaît rien de Vincent : « C'est marrant, mais en fait Vincent, pour la plupart, on ne le connaît pas. Mais on a suivi sa vie depuis des années, on a écouté sa maman, on a vu toutes les vidéos qui ont été postées. Et ce soir, je pense qu'on était tous très proches de Vincent, donc on est tous très heureux. »

Sur la place Saint-Sulpice, ce 10 juillet, elle poursuit son discours, moins heureuse, puisque les recours sont épuisés : « Nous allons veiller pour Vincent Lambert et pour ses proches, veiller pour ces centaines de personnes lourdement handicapées, pour notre France qui ne protège pas les plus fragiles. Pour commencer, je vais vous lire le message qu'a envoyé le pape François aujourd'hui en début d'après-midi : « Une société est humaine si elle protège la vie, chaque vie, de son début jusqu'à sa fin naturelle, sans choisir qui est digne ou non de vivre. Que les médecins servent la vie, qu'ils ne la suppriment pas. » Applaudissements.

Maître Jérôme Triomphe, l'air grave, prend la parole et appelle à ses côtés « son frère d'armes », Maître Jean Paillot. « Nous nous sommes battus sans relâche jour et nuit. Depuis deux mois, jour pour jour, le 20 mai, l'œuvre de mort avait commencé. Le soir même, trois hauts magistrats ont sauvé l'honneur de la justice. Notre joie ce soir-là n'était pas pour nous mais pour toi, Vincent. Elle était pure. C'en était trop. Les assassins nous ont conspués. Cet appel a été cassé en urgence le 28 juin. L'essentiel était sauf. Quatre jours plus tard, ton médecin mettait en œuvre son plan de mort. […] Maintenant, tu le sais, nous n'avons plus de recours. Tu es en train de mourir. »

Une dame en béquilles, assise à côté de moi, lance : « C'est dégueulasse. » Maître Triomphe poursuit : « Comme la souffrance provoquée est abominable, le législateur assassin impose une sédation profonde assimilable à une anesthésie générale. Mais ton médecin ne respecte même pas cette loi. Ton supplice dure, tu ne bénéficies pas d'une sédation profonde. Selon les moments, tu es paisible ou tu gémis, tu râles ou tu suffoques, tu ouvres régulièrement les yeux ce soir encore. Cette mise à mort Leonetti qui est insupportable et abominable, y compris, ils l'ont avoué, pour ceux qui se sont battus pour qu'elle intervienne. » Sur ce point encore, il est vrai, chacun s'accorde : cette mort prend beaucoup trop de temps et pour ceux qui restent, les vivants, elle provoque une grande souffrance. Mais l'affirmation selon laquelle Vincent ne bénéficie pas d'une sédation profonde est fausse. Je retrouve la décision motivée du Dr Sanchez datée de 2018. Au point 4, à propos de la « décision thérapeutique », on peut lire que l'arrêt de la nutrition et de l'hydratation artificielles sera « assorti de la mise en œuvre préalable d'une sédation profonde et continue maintenue jusqu'au décès, associée à une analgésie ainsi qu'à tous les supports requis. »

Sur sa lancée, avec une grande emphase, Jérôme Triomphe s'attaque ensuite aux médias : « Vincent, tu dois mourir au nom de la loi, tout cela avec la complicité de la majorité des médias dominants dont certains se sont laissé aller à titrer : "Vincent Lambert : enfin la fin". » Il fait référence à un éditorial de *Libération*. « Hou ! Hou ! » Des voix s'élèvent, tentent des huées discrètes. « Quelle horreur ! », s'exclame une autre femme assise dans le public. Maître Triomphe termine : « Une abominable boîte de Pandore vient de s'ouvrir. Après toi Vincent, à qui le tour ? [...] Après toi, ce sera le diminué, l'infirme, l'Alzheimer, finalement l'improductif... Et une loi sur l'euthanasie par injection létale sera votée. On commencera par ceux qui le demandent pour un jour finir par ceux qui ne demandent rien. Elle concernera je cite : "des patients considérés comme incurables, sur la base du jugement humain, après évaluation soigneuse de leur situation, pour leur accorder une mort miséricordieuse". Il ne s'agit pas là d'une proposition de loi française mais de l'Ordre secret, signé le 1er septembre 1939 par Adolf Hitler, confiant à Philipp Bouhler et au Dr Karl Brandt l'exécution du programme Aktion T4 d'élimination des handicapés mentaux. Les leçons de l'Histoire ne sont pas assez fortes. […] On ne peut s'imaginer la dépravation morale, la méfiance universelle qui s'étendra au cœur même de la famille si cette doctrine est tolérée, admise et mise en pratique. […] Mes amis, comment ne pas être saisi d'effroi d'être ainsi à la merci d'un État dénaturé dont la fonction est de protéger les plus faibles et les plus vulnérables d'entre les siens, et qui préfère tenter de sauver désespérément la vie en Irak de djihadistes qui ont répandu le sang et le malheur et qui s'acharne à la mort d'un enfant de France dans un de ses hôpitaux. » Peu à peu se produit un glissement vers une doctrine morale et politique. Nous voilà arrivés bien vite, à partir de Vincent Lambert, à Hitler, aux djihadistes et au complotisme.

Lorsque Maître Paillot prend la parole, il invoque lui aussi la déchéance d'une société. « Vincent va mourir parce qu'il est devenu un simple déchet. Parce qu'il est le reflet d'une société consumériste. […] Est-ce cette société dans laquelle nous souhaitons vivre ? Vincent va mourir, parce que peu importe son véritable état de santé, seule est retenue sa volonté présumée. » Je repense alors à la vie de Vincent, à son parcours d'enfant meurtri, à sa personnalité, à ses conflits intérieurs. Je me dis, en regardant l'assistance, qu'en réalité, tous ces aficionados anti-euthanasie ne savent décidément rien de lui. Mais veulent-ils vraiment le savoir ? J'appelle Maître Triomphe, puis je lui envoie un message. Il accepte que je lui fasse parvenir mes questions. Deux semaines plus tard, il finit par me répondre par mail : « Madame, après être tombé sur la présentation de votre livre sur Decitre, je ne vais évidemment pas participer à votre petit livre de propagande mensongère. Dans votre présentation, il y a surtout un absent majeur : Vincent lui-même. Mais ce n'est pas lui qui vous intéresse. Inutile de me recontacter. Salutations distinguées. »

Le public applaudit longuement. Trois minutes de silence s'écoulent. Je perçois le tintement de chapelets compulsés entre des dizaines de mains. Puis, assise à un petit piano électrique, une jeune femme enchaîne avec un morceau funéraire. Ma voisine et moi sommes maintenant debout. Elle tient avec difficulté sur sa béquille. Elle me demande si elle peut s'appuyer sur mon bras. Je lui souris. Elle s'accroche à moi et me susurre : « Ce docteur Sanchez est un monstre. C'est ignoble ce qu'ils ont fait à Vincent. Vous savez, on nous cache beaucoup de choses et si vous voulez mieux comprendre ce qui se trame en France, je vous conseille d'assister pendant plusieurs mois à l'université d'Alliance Vita. Vous pouvez noter sur votre cahier : ça s'appelle l'Université de la vie et on peut écouter des spécialistes qu'on n'entend jamais ailleurs. Vous comprendrez, allez-y… » J'acquiesce poliment. Fondée par Christine Boutin (parti chrétien-démocrate) en 1993, Alliance Vita est un mouvement pro-vie qui milite activement contre l'avortement, l'euthanasie et le mariage homosexuel. Son délégué général Tugdual Derville s'est mobilisé sur les plateaux télévisés pour défendre Viviane Lambert et son combat pour garder Vincent en vie à tout prix.

J'essaie de prendre contact avec Viviane Lambert le 3 juillet. Elle me répond qu'elle garde ses forces pour son fils. Je lui renvoie un message le 15 juillet pour la rencontrer. Mais il est encore trop tôt pour elle. Le 19 juillet, soit huit jours après la mort de Vincent, elle me répond : « Chère Madame, on en reparlera plus tard. J'ai besoin de repos dans l'immédiat... et je redoute encore une fois de plus les calomnies et médisances qui se sont greffées sur cette situation dramatique pour arriver à leur fin. Des médecins qui divisent une famille ne sont pas dignes d'être appelés Docteur. Supprimer froidement et avec acharnement les plus vulnérables est une société indigne. Notre France régresse. Quel héritage allons-nous laisser à nos enfants et petits-enfants ? Vous n'aurez pas de mal à remplir vos pages avec ce neveu malsain et le reste de la famille ! Désormais VINCENT échappe à ses bourreaux mais ces neuf jours d'agonie me poursuivront jusque ma tombe. C'est un crime idéologique et traumatisant. Bien à vous. » « Plus tard », avais-je retenu. Alors que je termine l'écriture du livre, fin novembre, je retente une dernière fois ma chance. Elle me répond quelques minutes plus tard : « Bonsoir Madame, merci pour votre message. Nous venons de poser nos valises dans notre résidence principale. Il est grand temps de se stabiliser, période bien difficile, faire son deuil... Cordialement. Viviane Lambert. » Je ne la rencontrerai pas.

Le soir commence à tomber sur cette place Saint-Sulpice. Des bougies s'allument. J'entrevois une frange extrême, catholique, réactionnaire et traditionaliste qui ne voudrait montrer que ses larmes et sa grande piété. En réalité, ces militants appartiennent à une nébuleuse idéologique faite d'une multitude de micromouvances, ayant leur propre identité et leurs propres combats, mais qui savent se rassembler lorsqu'il s'agit de faire nombre. Les uns sont monarchistes royalistes, les autres souverainistes, réactionnaires, ou républicains chrétiens d'extrême droite. Les uns se concentrent sur les combats des valeurs éthiques, les autres s'attaquent aux urnes, d'autres encore se lancent dans l'activisme et la bataille des idées sur Internet. Enfin une frange plus réduite, activiste, émerge lors des conflits de rue. Je prends contact avec une avocate spécialisée sur les dérives sectaires. Maître Valérie Blanchard défend régulièrement des victimes de sectes, dont des groupuscules traditionalistes. Lorsque j'évoque l'affaire Lambert, elle n'est pas surprise et m'assure que tous les ingrédients étaient réunis pour que ces mouvances s'en emparent. « Certains mouvements spirituels convoquent les valeurs du Moyen Âge, de la race blanche et de la pureté. Ce sont des Chevaliers du Christ, des Apôtres de la fin des temps ou de l'Apocalypse, les seuls Élus de Dieu et seule cette élite spirituelle assurera son Salut. C'est une lecture fondamentaliste des textes bibliques. Ce sont des mystiques. Certains mouvements sont contre la modernité et ils souhaitent le retour des temps anciens, en particulier le régime politique de la royauté et un retour à l'Église d'avant Vatican II. Ces mouvements ont des points d'accointances avec l'extrême droite. »

Le lendemain matin, jeudi 11 juillet 2019, je reçois un message laconique de François Lambert sur mon téléphone, sans doute envoyé à toute la presse : « Vincent est décédé à 8 h 24. »

Épilogue

Je me suis fait cueillir sans m'en apercevoir. Comme en amour. Non pas par un homme mais par une affaire. Il faut dire que je l'ai un peu cherché lorsque j'ai sollicité François Lambert, le neveu de Vincent, pour réaliser son portrait. Avec lui, dans ce café de la place de la République, j'ai fait une plongée express dans la famille Lambert, qui ne m'a pas laissée indemne. Le lendemain, je ne pensais qu'à elle. Et puis le surlendemain aussi. Jusqu'à me rendre compte que le mal était fait et qu'il me serait impossible de ne pas continuer à m'en rapprocher, et à essayer de rencontrer chacun de ses membres. Dès lors, je me suis lancée, sans idées préconçues, dans l'ascension de cet arbre généalogique aux trois branches fermement entremêlées. Qui sont ces hommes et femmes qui entourent depuis des années un corps, celui de Vincent Lambert, en état végétatif, et qui se disputent inlassablement autour de sa vie et de sa mort ?

Impossible pour moi d'imaginer sur quels chemins escarpés me mènerait cette simple question. Alors que les recours en justice se poursuivent, je parviens à rencontrer d'abord Marie-Geneviève Lambert, demi-sœur de Vincent, puis Frédéric Philippon, demi-frère de Vincent. Volontaires et prudents, ils me confient leur histoire. Marie-Geneviève accepte de m'accompagner à Châteauroux. Nous parlons beaucoup dans les rues, devant les maisons de famille, devant l'hôpital, autour d'un thé. Avec Frédéric, nous gardons un lien régulier et de plus en plus proche, par mail et par téléphone, puisqu'il vit dans le sud de la France. Nous cheminons ensemble, car après avoir passé de longues heures à les questionner sur les plus menus détails de l'enfance et de la vie quotidienne, fatalement les souvenirs continuent à remonter à la surface.

Je veux éviter d'ajouter de la douleur à la douleur. Alors, comme dans une forêt touffue, remplie d'épines et de ronces, j'avance précautionneusement dans l'intimité des Lambert, sans jamais oublier celui sur lequel j'écris : Vincent. Marie Lambert, une de ses sœurs, accepte puis refuse de me voir en juin. J'essaie de la convaincre, un peu. Mais je n'insiste pas trop. Un mois et demi après la mort de Vincent, Marie me contacte d'elle-même. À son tour, en août 2019, Joseph accepte un premier rendez-vous chez sa demi-sœur, Marie-Geneviève. Marie et Joseph, tous deux très proches de Vincent, s'ouvrent à moi, sans doute rassurés par ma démarche. J'établis des liens avec eux sous toutes les formes. Des rendez-vous physiques, bien sûr, mais aussi beaucoup d'appels téléphoniques qui n'en finissent pas. À chacune de mes questions, ils s'efforcent de répondre avec honnêteté, prenant garde d'écarter tout désir de vengeance, ou toute animosité. Tous sans exception veulent s'approcher le plus possible de la réalité. Au bout de quelques semaines à peine, j'apprends à les connaître, je partage leurs émotions, leurs inquiétudes, leurs conflits et me laisse volontairement toucher par ces épreuves qu'ils ont traversées et qu'ils continuent à affronter jusqu'après la mort de leur frère. Je suis là face à un immense puzzle fait de mille pièces que m'offre chaque membre de la famille.

Sur mon téléphone portable, mes propres photos de famille se mêlent aux leurs. À celles qu'ils m'ont confiées de Vincent enfant, entouré de ses frères et sœurs en vacances dans les Hautes-Alpes, des photos de famille lors de communions, de mariages, ou d'anniversaires, où l'on voit Vincent et sa femme Rachel. Sur mon téléphone, je vois grandir Vincent, passant de l'enfance à l'adolescence. Il me devient familier. J'ai l'impression de le connaître si bien. Je recoupe et croise tous les souvenirs déposés en vrac. Je reconstitue, par bribes, des dizaines d'anecdotes, tristes ou belles, incongrues ou inimaginables. Tout est là, sur mon bureau. Trois cahiers noirs épais où s'enchaînent les paroles. Certaines, nous choisissons ensemble de les taire, scrutant la limite du dicible et de l'indicible.

Peu à peu, je me rends compte que j'apprends aux uns et aux autres des histoires dont ils ignoraient tout. Jamais je n'ai approché de si près une autre famille que la mienne. Pendant cette longue enquête, mon père est mort, le 28 mai 2019. Lui qui a consacré sa vie à l'histoire de la médecine, lui le philosophe qui me donnait le change sur mes doutes et mes interrogations, s'est retrouvé un jour devant sa pneumologue. Elle lui a demandé au cas où le dernier traitement ne fonctionnerait pas, s'il voudrait qu'on s'acharne à le maintenir en vie. Mon père, à bout de souffle, s'est tourné vers ma mère et lui a dit : « Tu vois, on est dans les mêmes sujets que le livre d'Ixchel. » Et de répondre à son médecin : « Non je ne souhaite pas d'acharnement. » Le mardi suivant, il nous quittait sans douleur et sans angoisse.

Le jour de sa mort, je suis montée dans son bureau, dans la mansarde de sa petite maison amiénoise. Tout était en place : son grand cahier à papier Canson, avec l'ossature de son prochain livre sur l'histoire de la vivisection tel un arbre généalogique ou un plan d'architecte, ses stylos de toutes les couleurs, quelques livres de Descartes et de ses maîtres en philosophie, Canguilhem et Foucault. Sur une petite table ronde, à droite, il avait l'habitude de poser de gros paquets de photocopies. J'ai trouvé là deux textes, l'un dactylographié sur des feuilles blanches avec ce titre : « La loi est-elle la seule voie pour guérir le vivre ensemble ? François Delaporte, professeur de philosophie à l'université de Picardie ». Il s'agit d'une réflexion autour de l'euthanasie et des soins palliatifs. Je parcours son argumentaire où il retourne les questions dans tous les sens. Je m'arrête à ce paragraphe, en pensant à lui et à Vincent : « Il doit être clair que les soins palliatifs se déploient dans le contexte de l'échec de la médecine curative. Autrement dit, l'échec des soins curatifs est la condition d'existence du palliatif. Pourquoi le palliatif ne serait-il pas la contrepartie positive de l'échec du curatif ? Et pourquoi, par la suite, l'euthanasie ne serait-il pas la contrepartie positive de l'échec du palliatif ? L'idée, ici, étant d'en finir avec une vision négative tant du palliatif que de l'euthanasie qui pourrait s'y inscrire ou le prolonger. »

Le deuxième texte, jauni par les années, date de 1973, il s'agit de la retranscription du rapport de synthèse du colloque « Biologie et devenir de l'homme ; Qualité de vie, dignité de mort », rédigé par l'éminent Georges Canguilhem, dont mon père fut un temps le secrétaire. Lorsqu'il résume la troisième table ronde sur « Le droit à la mort peut-il être reconnu par la médecine ? », Canguilhem recense « les obstacles à la reconquête par l'homme d'un droit dont la technostructure médicale l'a dépossédé ». Ces obstacles résonnent avec l'affaire Lambert : « Ces obstacles sont 1) La difficulté de communication avec le malade, consécutive à la perte d'un code, à la disparition d'un rituel traditionnel. 2) La non-crédibilité du malade et de l'entourage. Les médecins ne sont pas préparés à informer le malade, à lui faire part de leur pronostic, à l'éclairer sur son propre cas. […] Si le médecin d'aujourd'hui a perdu le sens de la mort, c'est parce qu'il n'en a plus le spectacle, comme l'ont eu autrefois ceux qui firent leurs études avant la victoire remportée sur certaines maladies terrifiantes. […] Le droit du mourant à la qualité de ses derniers moments se fonde sur le devoir du médecin de comprendre la mort, de savoir communiquer avec le mourant, d'en interpréter parfois l'expression symbolique, de se rendre présente et familière l'idée de sa propre mort. » J'emporte ces deux textes en ayant la certitude que mon père les a laissés là pour moi.

Je fais mon deuil aussi. Je partage ma douleur avec celle des frères et sœurs de Vincent. Le temps passe et je commence enfin l'écriture de mon livre. Pendant ces quelques mois, je continue mes échanges avec eux. Ils se disent libérés de pouvoir raconter leur histoire. Libérés et soulagés de savoir que le public pourra enfin comprendre ce qui leur est arrivé, ce qu'ils ont vécu. À chaque rencontre, à chaque appel, je les vois faire du chemin, accomplir lentement le deuil de leur frère adoré. Marie voudrait garder la plus belle image de lui, le Vincent d'avant l'accident. Joseph a entamé une longue démarche pour se retrouver, affronter ses démons et apaiser ses douleurs. Marie-Geneviève panse, elle aussi, les multiples plaies de sa vie, et cherche, comme Marie, à préserver l'image d'un frère parti trop jeune dont il lui arrive parfois de rêver. Frédéric, l'ancien moine, le résilient, garde espoir de retrouver un jour une famille au complet, sans haine, ni larmes. Et surtout, de se rapprocher un jour de Clémence, la fille de Vincent, aujourd'hui âgée de onze ans.

Je me demande encore ce qui m'a pris de me passionner pour les Lambert, car le sujet de la fin de vie et de la mort est celui que je redoute le plus au monde. C'est peut-être pour me confronter à mes propres peurs ? On dit que les opposés s'attirent. Alors, j'ai été attirée par ces opposés, par la complexité et la violence d'une famille atypique. Peut-être aussi faut-il chercher du côté de la puissance de rencontres humaines que je pressentais, et qui ont bien eu lieu, de celles qui vous font sentir vivant et qui donnent du sens à l'existence.

Arbre généalogique de la famille Lambert

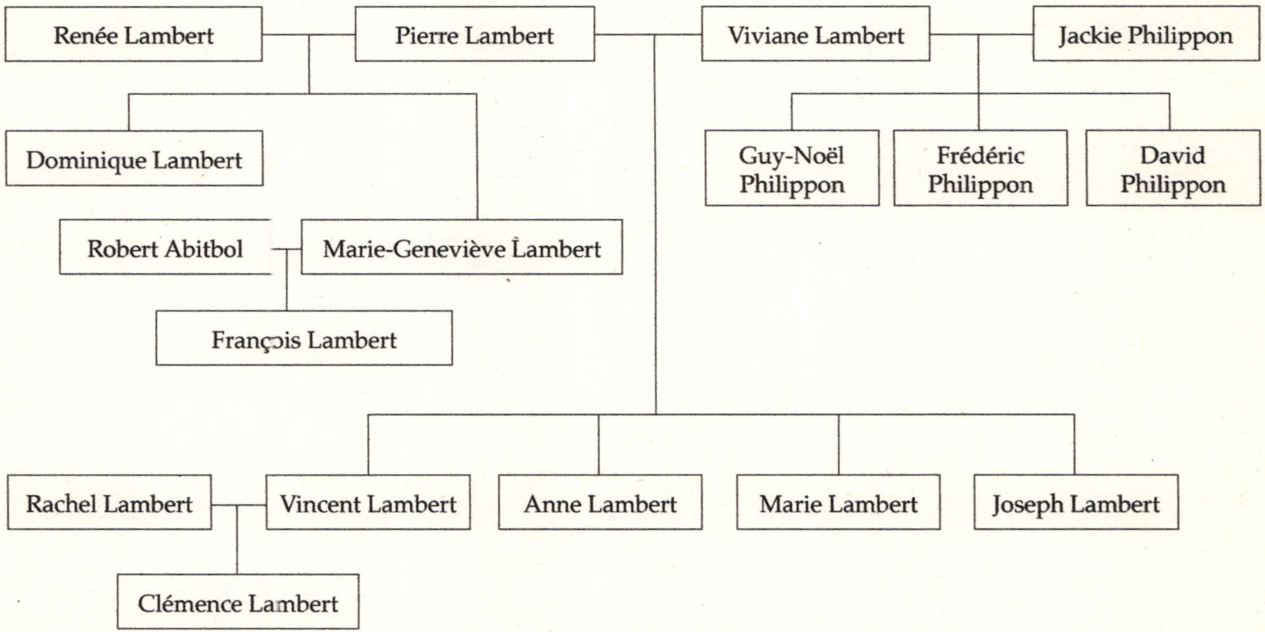

Chronologie de l'affaire Lambert (non exhaustive)

29 septembre 2008 : Vincent Lambert a un accident de la route. Traumatisé crânien, il est plongé dans un coma végétatif dont il sort pour atteindre un état de conscience minimale.

2009 : Après un séjour au centre d'éveil de Berck-sur-Mer, Vincent Lambert est transféré au CHU de Reims.

2011 : Première expertise médicale de Vincent Lambert au COMA Science Group de Liège, qui conclut à un état pauci-relationnel. Vincent Lambert est immobilisé, nourri et hydraté artificiellement.

2012 : Après son retour au centre hospitalier universitaire de Reims, quatre-vingt-sept séances d'orthophonie sont pratiquées pendant environ cinq mois. Aucun code de communication ne peut être établi.

10 avril 2013 : Le Dr Kariger conclut à une « obstination déraisonnable » au sens de l'article L.1110-5, et décide d'arrêter l'alimentation artificielle et de diminuer l'hydratation de Vincent Lambert avec l'accord de Rachel Lambert.

9 mai 2013 : Les parents de Vincent Lambert déposent une requête auprès du tribunal administratif de Châlons-en-Champagne afin que la sonde d'alimentation soit rétablie.

11 mai 2013 : Le tribunal administratif de Châlons-en-Champagne enjoint l'hôpital de Reims de « rétablir l'alimentation et l'hydratation normales » de Vincent Lambert. Les parents obtiennent gain de cause.

10 janvier 2014 : Après une procédure collégiale entre médecins et famille, le Dr Kariger prend la décision de l'arrêt des soins. Opposés, les parents font de nouveau appel au tribunal administratif de Châlons-en-Champagne pour casser la procédure.

16 janvier 2014 : Le tribunal de Châlons enjoint une nouvelle fois les médecins du CHU de Reims de ne pas appliquer leur décision d'arrêt de la nutrition et de l'hydratation artificielles de Vincent.

28 janvier 2014 : Rachel Lambert, épouse de Vincent, et son neveu, François Lambert, font appel de cette décision devant le Conseil d'État, la plus haute juridiction administrative française.

28 février 2014 : Le Conseil d'État désigne trois experts chargés de « décrire l'état clinique actuel de Vincent Lambert, de se prononcer sur le caractère irréversible des lésions cérébrales dont il souffre et sur le pronostic clinique ».

28 mai 2014 : Les experts confirment le caractère irréversible et incurable des lésions cérébrales de Vincent Lambert.

23 juin 2014 : Les parents saisissent la Cour européenne des droits de l'homme.

24 juin 2014 : Le Conseil d'État estime que la décision d'arrêt des soins s'inscrit bien dans le cadre de la loi Leonetti qui proscrit l'acharnement thérapeutique.

24 juin 2014 : La Cour européenne des droits de l'homme suspend la décision du Conseil d'État.

5 juin 2015 : La Cour européenne des droits de l'homme valide l'arrêt des soins.

6 juillet 2015 : La Cour européenne des droits de l'homme rejette la demande des parents de révision de la décision.

16 juillet 2015 : Les parents portent plainte contre le CHU de Reims pour tentative d'assassinat.

10 mars 2016 : Le juge des tutelles désigne Rachel Lambert tutrice légale de Vincent.

24 mars 2017 : La cour d'appel de Reims rejette la demande des parents de transférer Vincent Lambert du CHU de Reims vers un établissement spécialisé.

19 juillet 2017 : Le Conseil d'État demande au médecin de se prononcer sur la procédure d'arrêt des soins.

9 avril 2018 : L'hôpital de Reims plaide de nouveau pour un arrêt des traitements, considérant qu'il y a une « obstination déraisonnable » sur Vincent Lambert.

12 avril 2018 : Viviane Lambert, la mère de Vincent, écrit à Emmanuel Macron.

20 avril 2018 : La justice administrative ordonne une nouvelle expertise médicale.

15 juin 2018 : Les trois médecins nommés refusent de procéder à cette expertise, mettant en cause une trop forte pression.

22 novembre 2018 : Les experts mandatés par la justice confirment « l'état végétatif chronique irréversible » de Vincent Lambert.

31 janvier 2019 : Le tribunal administratif confirme la décision d'arrêt des soins des médecins.

24 avril 2019 : Le Conseil d'État confirme le jugement du tribunal administratif.

30 avril 2019 : La Cour européenne des droits de l'homme donne raison au Conseil d'État.

3 mai 2019 : Le Comité des droits des personnes handicapées de l'ONU (CDPH) demande à la France de présenter d'ici à six mois des observations et de maintenir les traitements entre-temps.

20 mai 2019 : La procédure d'arrêt des traitements est lancée par le Dr Sanchez.

20 mai 2019 : La cour d'appel de Paris suspend cette procédure et ordonne la reprise des traitements.

31 mai 2019 : Le gouvernement dépose un pourvoi en cassation contre la décision de la cour d'appel de Paris ordonnant la reprise des traitements.

28 juin 2019 : La Cour de cassation casse et annule la décision de la cour d'appel de Paris. L'arrêt des soins est de nouveau possible.

2 juillet 2019 : Le médecin annonce un nouvel arrêt des traitements, effectif le 3 juillet au soir.

3 juillet 2019 : Alors que l'arrêt des traitements a repris la veille, le tribunal administratif de Châlons-en-Champagne rejette un recours des parents de Vincent Lambert – ces derniers souhaitent de nouveau faire respecter la demande provisoire du Comité international des droits des personnes handicapées de l'ONU.

8 juillet 2019 : Les parents de Vincent abandonnent les recours.

11 juillet 2019 : Vincent Lambert meurt à quarante-deux ans.

26 novembre 2019 : Le Dr Sanchez et l'hôpital de Reims, assignés par les parents de Vincent, comparaissent devant le tribunal correctionnel de Reims pour «non-assistance à personne en danger». Le procureur requiert la relaxe du médecin.

Bibliographie

- *Vincent, parce que je l'aime, je veux le laisser partir*, Rachel Lambert, Fayard, 2014, J'ai lu, 2016.
- *Pour la vie de mon fils*, Viviane Lambert, Plon, 2015.
- *Ma vérité sur l'affaire Vincent Lambert*, Dr Éric Kariger, Bayard, 2014.
- *Ça s'est fait comme ça*, Gérard Depardieu, XO Éditions, 2014.
- *Euthanasie, le débat tronqué*, Pr. Louis Puybasset et Marine Lamoureux, Calmann Lévy, 2012.
- *C'est ainsi que les hommes meurent*, Jean Leonetti, Plon, 2015.
- *La Mort choisie : comprendre l'euthanasie et ses enjeux*, François Damas et Martin Winckler, Mardaga, 2013.
- *La Mort opportune : les droits des vivants sur la fin de leur vie*, Jacques Pohier, Seuil, collection « Points », 2004.
- *L'Éthique médicale et la Bioéthique*, Didier Sicard, Que sais-je ?, 2017.
- *Pro patria*, Jean-Paul Argouarc'h et Yannick Lallemand, Via Romana, 2014.
- *Église, la mécanique du silence*, Daphné Gastaldi, Mathieu Martiniere, Mathieu Périsse, J.-C. Lattès, 2017.
- *Livre noir de la Fraternité sacerdotale Saint-Pie X*, 2016 et 2019, par l'Avref (Aide aux victimes des dérives de mouvements religieux en Europe et à leur famille).
- Rapport du Comité consultatif national d'éthique sur le débat public concernant la fin de vie, 21 octobre 2014.

Table des matières

Remerciements

Merci à Marie-Geneviève, Frédéric, Marie et Joseph d'avoir accepté de me parler, sans aucune censure, de leur histoire. Merci à François Lambert de m'avoir fait confiance la toute première fois. Merci à tous ceux qui ont eu la gentillesse de me raconter leurs souvenirs liés à Vincent.

Merci aussi à Bruno et à Simon d'avoir eu le courage de témoigner sur des périodes douloureuses de leur vie.

Merci à mes deux éditrices, Sylvie Gracia et Nathalie Démoulin, pour leur soutien inconditionnel.

Merci à mes parents, François et Cécilia, de m'avoir convaincue, encouragée, et aidée à surmonter mes peurs, pour ne pas lâcher le projet de ce livre.

Merci enfin à Olivier Coret pour son amour entier, sa présence à mes côtés à chaque instant, et pour son regard et sa lecture toujours justes et pertinents.

Votre livre est fabriqué en France sur un papier certifié PEFC,
pour une gestion durable de la forêt.

Ouvrage réalisé par Cédric Cailhol Infographiste

Achevé d'imprimer en janvier 2020
par Corlet Numéric à Condé-en-Normandie.

Dépôt légal : mars 2020
N° d'impression : 163490

ISBN : 978-2-8126-1899-4

Imprimé en France